# JOSÉ LUIS RIVERA

# Yo quiero ser empresario

## PRINCIPIOS Y ESTRATEGIAS PARA EMPRESARIOS Y EMPRESAS

José Luis Rivera / 1a ed. – Puerto Rico /Puerto Rico, 2024. 132 páginas ; 8.5 x 5.5 in.
ISBN 9798340387806. Espiritualidad Cristiana.
Literatura espiritual empresaria. Los diferentes capítulos y todas las ilustraciones correspondientes son parte indivisa de esta obra, hallándose protegidas por los depósitos legales vigentes.
Esta publicación no puede ser reproducida, alterada parcial o totalmente, archivada en un sistema electrónico ni transmitida bajo ninguna forma: electrónica, mecánica, fotográfica o de alguna otra manera, sin permiso previo y escrito por parte del autor.
Todos los textos bíblicos, a menos que se indique, han sido tomados de la Biblia VRV 1960.
Editorial Cuento Contigo Av. San Martin 1919 PA- Florida- Bs As- Argentina Edición octubre 2024

Editor general de la obra: Luis Omar Pussetto
www.luisomarpussetto.com
Impreso en EEUU

**JOSE LUIS RIVERA** 787-810-2557 / 787-954-9087
www.facebook.com/pastorjoseluisrivera
jriverabog@gmail.com

# *Dedicatoria*

*Dedico este libro al Padre, al Hijo y al Espíritu Santo por darnos la capacidad de tener la mente creativa, para poder levantar empresas y ser el verdadero sostén en los momentos difíciles y duros que nos enfrentamos día a día.*

*A mi esposa, Doctora Joanna Liz Colon, realmente sería muy difícil emprender algo sin tener una mujer que te impulse y te sostenga en los momentos más difíciles.*

*También dedico este libro a mis padres, porque nací con un verdadero ADN empresarial, son el modelo a seguir de empresarios exitosos.*
*También a mi iglesia, CDR INTERNACIONAL, por ser parte de mis locuras y siempre apoyarme en todos y cada uno de los desafíos que se fueron presentando.*

# *Prólogo*

*¿Alguna vez has soñado con ser el próximo Mark Zuckerberg, el próximo Steve Jobs, o el próximo Jeff Bezos? Piénsalo... sería increíble crear un proyecto tan disruptivo e innovador que marque un antes y un después en el mundo de los negocios, ¿verdad?*
*Si quieres crear una empresa desde cero que sea exitosa, no bases tu estrategia en copiar a los mejores (aquellos que ya han triunfado con su proyecto). Mejor céntrate en hacer progresos verticales, es decir, en crear algo nuevo que nunca nadie haya hecho antes.*
*En cuanto leas este libro, descubrirás las llaves para crear un negocio exitoso.*
*Conozco a José Luis como Pastor y Apóstol de Jesucristo y es un gran hombre de Dios.*
*Pero también lo conozco como Empresario, es un hombre muy organizado, muy recto, que toma decisiones sabias a la hora de hacer negocios.*
*Así que lo que vas a leer en este libro no son simples ideas escritas, sino que son sus experiencias a través de su vida empresarial que sé, te van a ayudar y potenciar para ser un empresario con la Mente de Cristo, y así que vivir una vida en total plenitud.*

**Pastor empresario**
**Ángel Molina**

# Índice

| | | |
|---|---|---|
| PRÓLOGO | | 5 |
| CAPÍTULO 1 | EL CONCEPTO DE EMPRESARISMO | 11 |
| CAPÍTULO 2 | PRINCIPIOS PARA EMPRESARIOS | 25 |
| CAPÍTULO 3 | VISION EMPRESARIAL | 39 |
| CAPÍTULO 4 | EL VALOR DE LA PALABRA | 49 |
| CAPÍTULO 5 | ¿CUÁNDO NACE UNA EMPRESA? | 57 |
| CAPÍTULO 6 | HÁBITOS QUE TRANSFOMARON | 65 |
| CAPÍTULO 7 | DOCE CONSEJOS | 71 |
| CAPÍTULO 8 | LA OPORTUNIDAD PERDIDA | 85 |
| CAPÍTULO 9 | LA MENTE DE CRISTO | 95 |
| CAPÍTULO 10 | HABLEMOS DE FINANZAS | 103 |
| CAPÍTULO 11 | EMPRESARIOS DEL REINO | 109 |
| CAPÍTULO 12 | CONCLUSIÓN | 121 |

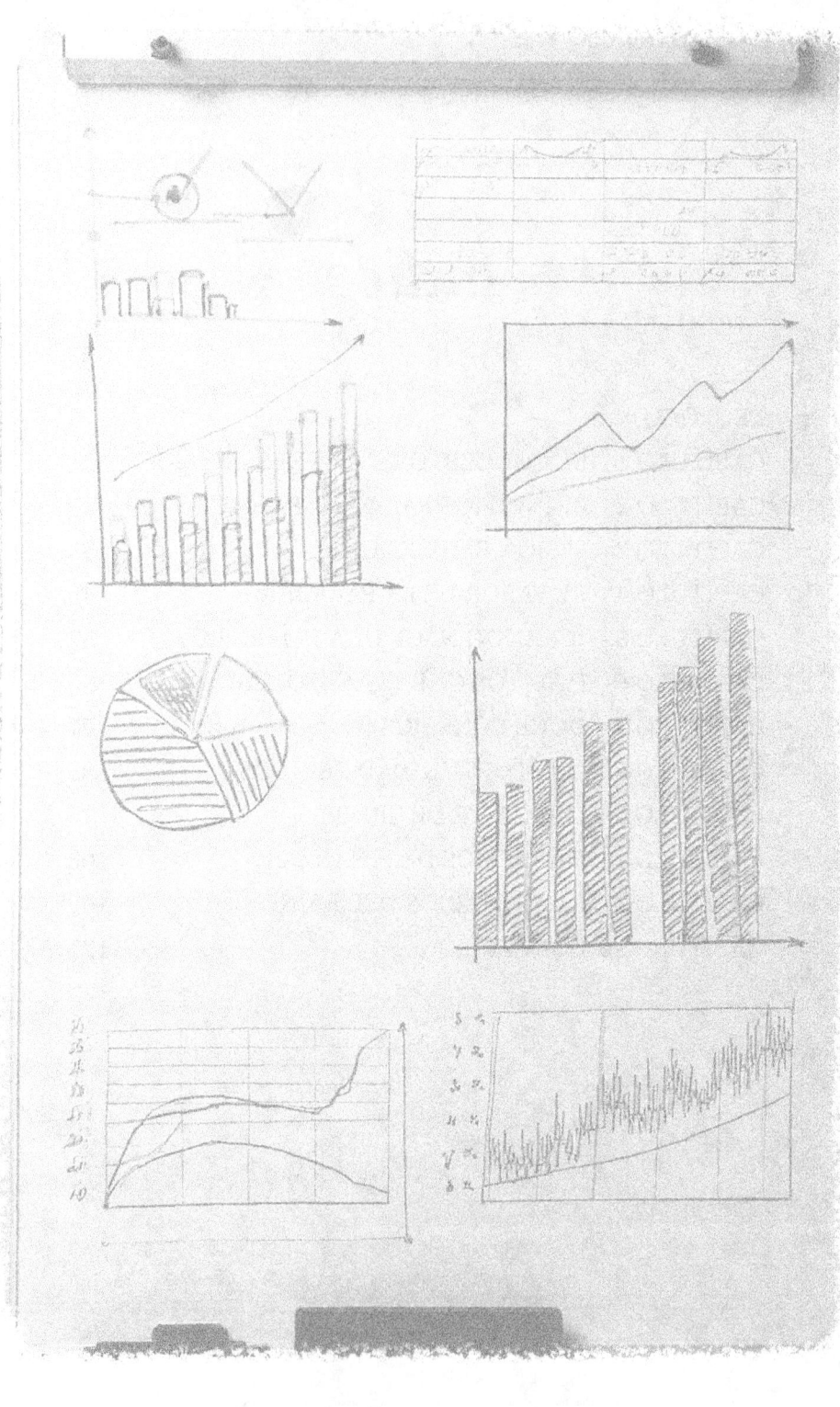

# *Introducción*

## *Las razones de este libro*

*En un mundo en constante cambio, el empresarismo se ha convertido en un pilar fundamental para el desarrollo económico y social de las sociedades. Este fenómeno no solo implica la creación de empresas, sino también la generación de ideas innovadoras, la mentalidad que debes asumir, la identificación de oportunidades y la capacidad de asumir riesgos.*
*En este libro, exploraremos los conceptos claves del empresarismo, según mis propias experiencias, y su impacto en la vida de quien decida aceptar el reto. Son innumerables los desafíos que enfrentan los emprendedores, pero aprender a resolverlos no solo es de gran importancia para el desarrollo sostenible de una empresa, sino que contribuirá de manera clara y permanente a la realización de las metas trazadas.*

**Pastor empresario**
**José Luis Rivera**

*CAPÍTULO 1*

# El concepto de Empresarismo

*E*l empresarismo se refiere a la actividad económica que involucra la creación, gestión y desarrollo de nuevas empresas.

La velocidad de los cambios son una verdad incontrastable en los tiempos que vivimos.

Estancarse, quedarse en las formas o los métodos de funcionamiento hace que en poco tiempo ya no se alcancen las metas, sino que la empresa, poco a poco, va camino a ser obsoleta, ignorada, a una depreciación de los niveles de gestión alcanzados.

Los empresarios son individuos que identifican una necesidad o una oportunidad en el mercado, así es cuando deciden crear un negocio para satisfacer esa demanda.

Esta actividad, por cierto, creativa y plena de nuevos desafíos, requiere no solo capital financiero, sino un verdadero conjunto de habilidades técnicas, administrativas y humanas.

Una característica fundamental del empresarismo es la innovación.

Los emprendedores tienen el potencial de transformar ideas originales en productos o servicios que pueden cambiar industrias enteras. La innovación puede manifestarse en diversas formas: desde mejoras tecnológicas hasta nuevos modelos de negocios que desafían las normas establecidas.

El empresarismo representa una fuerza poderosa capaz de transformar economías locales y globales mediante innovación, creación laboral e impulso competitivo. Sin embargo, es vital apoyar a los emprendedores superando prejuicios o barreras tales como el financiamiento insuficiente o falta de formación y capacitación gerencial para maximizar su potencial.

Las formas de integración de capital o provisión de recursos, si bien lo detallo más adelante, curiosamente no es lo más importante. Podría resumirlo que de una u otra forma el dinero se consigue.

Pero al integrar principios, que se explican en este libro, dentro del ámbito empresarial se construye un verdadero futuro, tal vez con desafíos, con dificultades, pero resultan los más equitativos tanto para el empresario, su familia o el entorno donde desarrolle sus actividades y negocios.

Fomentar una cultura emprendedora, robusta, es clave y determinante para enfrentar los retos contemporáneos que se suceden día tras día.

Como empresario, con vasta experiencia, creo que ha llegado el tiempo, no solo de compartir situaciones

## El Concepto de Empresarismo

que atravesé, sino de dar a conocer algunas de las múltiples maneras de empresarismo, siempre dentro de la ética y los principios de Dios, y de esta manera desarrollar empresas portadoras de una clara ventaja: hay una mente abierta y sana, que aprende de errores, se afirma en aciertos, donde seguro se aprovechará, al máximo, toda oportunidad creativa que acontezca y esté disponible para proyectarse hacia adelante en negocios que llegarán a conectarse con nuevos clientes en nuevas formas de comercializar y de darse a conocer con excelencia, en cualquier ámbito de negocios que le toque interactuar.

> *"Porque el SEÑOR da la sabiduría;*
> *conocimiento e inteligencia brotan*
> *de sus labios."*
> *Proverbios 2:6 (NVI)*

José Luis Rivera

## **Mis Comienzos**

Nací en un hogar de empresarios.

Mi abuelo fue el primer Gerente de Ventas de la compañía más grande de productos snack de Puerto Rico y de los Estados Unidos. Fue el primero en introducir estos productos en todas las Islas Vírgenes y en todo el Caribe.

Mi papá tenía una distribuidora de productos y alimentos para proveer a grandes supermercados y cadenas prestigiosas de mí país.

Mi mamá fue dueña de una floristería por más de 20 años. Así que la vena empresarial siempre estuvo presente en mi hogar.

Yo vendía, todo lo que se ocurría, a mis amiguitos de la escuela y siempre me estaban regañando por eso, pero era inevitable, estaba en mi entorno y en mis entrañas. Ver como se manejaba el dinero y las finanzas en un hogar donde se "respiraba" empresas por todos lados y todo el tiempo, era absolutamente natural que yo me inclinara por los negocios.

Aprendí a ver a mi papá emprender las tareas antes de que saliera el sol y acostándose mucho más tarde de la puesta de este.

Esa rutina laboral me enseñó a mantenerme enfocado y atento a que si yo quería tener éxito en lo que emprendiera debía esforzarme y tener una verdadera disciplina de trabajo.

También veía a mi mamá, en todas las ocasiones especiales, donde todas las familias se reúnen,

## El Concepto de Empresarismo

trabajar hasta el cansancio, hasta no poder más para complacer y atender a todos los clientes. Día de los enamorados, Día de las Madres, Día de los Padres, Navidad, entierros, aniversarios. Mi mamá, mis tías, estaban en la floristería trabajando fuerte para sus clientes, nadie quedaba sin atender. Esa manera de trabajar me hizo saber que el verdadero empresario es fundamentalmente un servidor.

> **Servimos a la gente con la cual pretendemos hacer negocios._**

Es imposible levantar, y hacer prosperar un negocio, sin estar convencido de que tienes que ser un verdadero servidor.

¿Por qué? Porque habrá momentos que se generen situaciones complejas donde ganarás lo mínimo o directamente no ganarás nada, esa acción no te hace un perdedor, todo lo contrario, eres un servidor, y esas acciones son las que marcan diferencias entre un simple empresario o uno que es, y está convencido, de que es un empresario servidor.

Siempre los empresarios servidores, ¡servimos! Acompañamos, porque podemos vender algo, sean mercaderías o un servicio, pero fundamentalmente estamos ayudando a otras personas a adquirir lo que verdaderamente desean o necesitan.

Conocemos "la piel del otro", servimos, porque conocemos como ponernos en lugar del ocasional cliente.

Es como cuando entras a un restaurante y te atiende un buen mesero, este provoca que quieras regresar. Si la comida fue excelente volverás aún más rápido. Eso hace el servicio. Nunca volvería a un restaurante que el mesero me haya tratado mal o no sirvió como esperaba, porque ellos están ahí para provocar una verdadera experiencia con el cliente.

De la misma manera no importa el área que escogiste para tu negocio. Puede ser comida, vender objetos, automóviles u ofrecer algún tipo de servicios, si eres un servidor provocarás que el cliente regrese y te compre, porque vivió una gran experiencia al relacionarse contigo.

Hace un tiempo viajé a Italia, específicamente a Venecia, hay muchísimas tiendas allí, muchas venden los mismos artículos, entramos a varios negocios ya que estaba con toda mi familia.

Mi suegro entró a un negocio solo a ver una pulsera de hombre que le había gustado. El joven que nos atendió era excelente servidor, todavía mi suegro continúa hablando de él cada vez que usa la pulsera.

De hecho, nos llamó la atención por lo servidor y empático que fue con todos nosotros. Nunca notamos que nos quería vender algo, siempre la respuesta que tenía a flor de labios era: "Estoy a la orden". Nunca empujó la venta, nunca trató de vendernos de más. Sencillamente nos enseñó lo que pedimos.

Mi suegro automáticamente, y sin pensarlo

## El Concepto de Empresarismo

demasiado, compró la pulsera y cada vez que la usa, recuerda la experiencia de ese vendedor.

Lo que nos lleva a repetirnos que ese muchacho era un tremendo empresario. El no era el dueño de la tienda, solo un empleado, pero estoy seguro, con la experiencia que tengo, y con la actitud que tenía, que pronto, cuando regrese a Italia, lo veré como dueño de esa o de varias otras tiendas.

¿Por qué? Porque el empresario sabe que es un servidor.

> **Es posible que en situaciones ganarás nada o ganarás lo mínimo, pero tu ocasional cliente regresará por tu correcto servicio.**

Mi primera empresa fue una gestoría, donde ayudaba a la gente con trámites de licencia.

Mi primer trabajo formal fue en la agencia gubernamental que expedía las licencias de conducir, conocí a varios gestores, alquilé un pequeño local donde di forma y funcionamiento a mi gestoría.

Duré aproximadamente 2 años en ese trabajo y luego me interesé por la tecnología.

En la universidad di mis primeros pasos en este rubro, compré unos cuantos ordenadores de data o bíper, y con un maletín como compañero inseparable, me paraba en las escaleras, así comencé a vender en esa casa de estudios.

Pronto, la Universidad entera conocía lo que yo vendía. Así di forma a un nuevo negocio de venta de bíper. El dueño de la compañía se interesó en mí y me invitó para que yo abriera una tienda, me prestó el capital, consiguió unos escaparates para exhibir el bíper. De este modo, rápidamente, monté mi primera tienda.

Durante 5 años estuve al frente del negocio y luego empecé a abrir otro, luego comenzaron a llegar otras tecnologías y con ellas, los celulares a Puerto Rico, los cuales rápidamente se sumaron a mi negocio.

Estuve más de 8 años vendiendo celulares y bíper, llegué a tener cinco tiendas en diferentes ciudades de la isla.

Como aprendí en mi casa, el primero que llega y el último que se va es el dueño de la compañía.

Cualquier empresario que crea que debe tener empleados para abrir o cerrar su negocio está muy equivocado. Vas a ser el que más trabaja, y puede que muchas veces seas el único que no cobre.

Los primeros años hay que levantar la empresa, consolidarla, llevarla a un sitio o un reconocimiento que no tenía.

Hay que pagar inversiones, deudas.

Hay que bregar con empleados que faltan, que

## El Concepto de Empresarismo

no responden a las expectativas, que se enferman, que no valoran lo que te ha costado, sangre, sudor, desvelos o esfuerzo. Pero nada de esas dificultades te pueden desanimar, son parte del negocio y es fundamental aprender a gestionar situaciones impredecibles, porque los resultados no dependen de la gente exterior ni las cosas que suceden a tu alrededor, dependen de la cabeza que lleva la visión y de la persona que decidió emprender el desafío de administrar un nuevo negocio.

La persona, que eres tú y nadie más que tú va a levantar la empresa, si esta cae posiblemente se debe a que tu caíste primero. Si el negocio no funcionó puede que tenga que ver con el producto, pero fundamentalmente tendrá que ver con el enfoque que has tenido y cuales hayan sido tus prioridades.

Muchas son las personas que entran al mundo empresarial, pensando que en un mes va a recuperar lo invertido o en dos meses va a estar en Hawái con una piña colada en su mano. El mundo empresarial no funciona así.

Puede durar años, solo trabajando para pagar deudas, adquiriendo lo mínimo, viviendo en un equilibrio permanente entre ganancias y pagos, como si caminara en una débil cuerda floja que es movida por cualquier viento que se presenta.

Nunca se termina de salir ileso de las deudas que parecen correr siempre detrás de donde está la generación de utilidades.

Muchas veces tuve que cambiar el automóvil

para poder sufragar los gastos del negocio, nada me detuvo. Siempre me mantuve enfocado, no permití el sentirme desalineado con la propuesta que me llevaría a la meta de los mejores resultados.

Recuerdo que por más de 2 años no compré nada de ropa, usando la misma de siempre, solo que no quería gastar dinero de más para poder levantar el sueño de mi vida: ¡Ser empresario!

Hice favores, ayudé a mucha gente, y muchas veces esas mismas personas, después de recibir el favor, nunca más los volví a ver.

## Consejos para el comienzo

*"Mejor es el fin del negocio que su principio;*
*Eclesiastés 7:8 (a)*

Cinco principios que no puedes dejar de observar. ¿Simples? Si. Pero absolutamente necesarios en la hora de las decisiones acerca de tu próximo emprendimiento.

*"Sin embargo,*
*no comiences sin calcular el costo.*
*Pues, ¿quién comenzaría a construir un edificio sin primero calcular el costo para ver si hay suficiente dinero para terminarlo?"*
*Lucas 14:28*

## El Concepto de Empresarismo

**1. Lleva un registro detallado de tus ingresos y gastos:**

Es fundamental mantener un registro actualizado de todas las transacciones financieras de tu negocio. Esto te permitirá tener una visión clara de la salud financiera de tu empresa y así poder tomar decisiones que se sustentan en información real de los recursos disponibles.

**2. Establece un presupuesto mensual:**

Elaborar un presupuesto te ayudará a planificar tus gastos y controlar tus ingresos. Define metas financieras realistas y ajusta tus gastos según tus ingresos para evitar desviaciones.

**3. Controla el flujo de efectivo:**

El flujo de efectivo es vital para la supervivencia de cualquier negocio. Asegúrate de monitorear constantemente los flujos entrantes y salientes y toma medidas para mantener un equilibrio adecuado.

**4. Minimiza los costos innecesarios:**

Revisa regularmente tus gastos e identifica áreas donde puedes reducir costos sin comprometer la calidad del producto o servicio que ofreces.

Busca alternativas más económicas sin sacrificar la eficiencia operativa que tu desarrollo necesita.

**5. Invierte en tecnología financiera:**

Utiliza herramientas digitales como software de gestión financiera, aplicaciones móviles o plataformas en línea que faciliten el seguimiento y análisis de tus finanzas empresariales. La tecnología puede agilizar procesos, mejorar la precisión y optimiza el rendimiento financiero de tu negocio.

Recuerda que una gestión financiera sólida es clave para el éxito a largo plazo de tu negocio, así que dedica tiempo y recursos a esta área para garantizar su salud financiera.

CAPÍTULO 2

# *Principios para Empresarios*

*¿Cuál es tu por qué?*

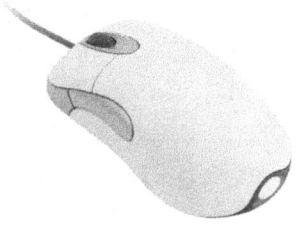

*E*s probable que puedas pensar que es demasiado ingenuo, pero no hay nada que pueda quitarse de esta afirmación: ¡TODO EN LA VIDA TIENE UN POR QUÉ!

1-NO SOLO DEBES TENER UN "POR QUÉ", SINO que tu principio DEBE SER MAS FUERTE QUE LO QUE DECIDAS HACER.

Si el principio, que decides seguir, sea moral, ético, económico, de superación personal o empresario NO ESTÁ PRESENTE EN TUS PLANES, ten por seguro que cualquier viento contrario, cualquier falta de resultados esperados, o dificultades que no esperabas, TE ESTANCARÁ, detendrá tu avance y los problemas se verán cómo enemigos invencibles.

El "por qué" de un empresario puede variar según la persona, pero generalmente se refiere a las motivaciones y razones que impulsan a alguien a iniciar y gestionar un negocio.

Algunos de los "por qué" comunes incluyen:

1. **Pasión:** Muchos empresarios tienen una profunda pasión por su producto o servicio, lo que los lleva a querer compartirlo con el mundo. Pero debes analizar, y tener siempre presente, que la mente colectiva posiblemente no es como la tuya.

Recuerda que no todos tienen tus gustos y exigencias, siempre habrá que adaptar lo que quieres hacer e impactar en la mente del consumidor.

2. **Independencia:** La búsqueda de libertad y autonomía en el trabajo es una gran motivación para muchos emprendedores, ya que desean ser sus propios jefes. La independencia laboral es una búsqueda cargada de excelencia, pero toma en cuenta que puede tomar un tiempo en lograrlo, pero si te enfocas en él objetivo, lo lograrás.

3. **Impacto Social:** Algunos empresarios, muy bien intencionados, están motivados por el deseo de hacer una diferencia en la sociedad o resolver problemas específicos en la comunidad, mediante sus negocios.

4. **Oportunidad Financiera:** La posibilidad de obtener mayores ingresos y crear riqueza personal puede ser un fuerte incentivo para iniciar un negocio.

Pero recuerda que, aunque el dinero es importante, la excelencia y los principios son lo más importante, pues es la que crea el dinero en forma dinámica y duradera.

5. **Innovación:** Muchos emprendedores buscan

innovar y desarrollar nuevas ideas, productos o servicios que mejoren la vida de las personas.

Esta es una gran cualidad de un empresario, pero toma precauciones para que esa innovación acompañe a la necesidad de los requerimientos que percibes de tus clientes.

Algunas de las nuevas ideas pueden ser crear una marca y así darle un tipo de exclusividad a tu negocio. Puede tomar un tiempo, pero cuando lo hagas todos te conocerán, marcarás diferencias que abrirán nuevas puertas de oportunidades para tu negocio.

**6. Crecimiento Personal:** El desafío de construir y gestionar un negocio también puede ser visto como una oportunidad para aprender y crecer personalmente.

Cada empresario tiene su propia combinación, única, de razones que lo motivan a seguir adelante en su camino empresarial.

> El problema no es perseguir el dinero, es que va a pasar cuando lo alcances. El problema no es perseguir el éxito, es que va a producir ese éxito cuando lo consigas._

¿Qué y cuáles son los mayores contrastes entre empresarios que aman, respetan, obedecen a Dios y empresarios que solo se desvelan por el rumbo o los resultados de sus balances?

**1. EL PROPOSITO:** el empresario que toma en cuenta los consejos de Dios tiene muy bien definido a quien se sirve en su empresa, quien es el "referente" en cada reunión.

Dios ocupa el primer sitio porque los principios de Dios no son ni nunca fueron negociables.

**2. EL POR QUÉ:** el empresario que sigue a Dios tiene muy claro cuáles son los "Por qué" de su empresa, hacia donde se dirige la misma. No es solo una consulta en algunos casos, sino que Dios se transforma en el referente y causante de las estrategias que se han elegido.

**3. EL CARACTER** del empresario que sigue a Dios, no persigue riquezas, ese no es el fin de su empresa.

No es que desee un negocio que muestre pobrezas y falencias, sino todo lo contrario, busca la EXCELENCIA en todos los aspectos de la empresa: orden, honra de compromisos, calidad del producto, trato al cliente, trato con los empleados, ordenamiento edilicio, programación de todos y cada uno de los pormenores de funcionamiento.

El empresario que sigue a Dios, "PERSIGUE" la honra al Padre, porque reconoce que su empresa o lo que alcance, se debe a que Dios es su orientador, consejero, proveedor permanente y excelente.

Por eso ajustarse a esta declaración bíblica no es solo seguir un enunciado sino establecer en la vida que y quien es lo verdaderamente importante:

*"Trabajen de buena gana en todo lo que hagan, como si fuera para el Señor y no para la gente". Colosenses 3:23 (PDT)*

Muchos orientales no esconden a quienes honran, por eso verás sus "budas" o los "dragones que representan a sus ancestros", pero los empresarios cristianos no necesitamos de una imagen o una estatua, sino que mostramos a Dios en cada una de las operaciones que llevamos adelante en nuestras empresas, convirtiéndolas en un testimonio permanente y preciso de que Dios es nuestro mejor "CONTROL DE CALIDAD Y DE GESTIÓN".

## Innovación, la herramienta

Aunque anteriormente mencioné la innovación es oportuno tener más información sobre esa acción, que es fundamental y decisiva para un empresario que decida tener presente esta clave para levantar una empresa con éxito.

La innovación es uno de los motores más importantes en el mundo empresarial y se refiere a la creación de nuevas ideas, productos o métodos que aportan valor. Aquí hay algunos aspectos claves sobre la innovación en el contexto empresarial:

### 1. Definición de Innovación

La innovación no se limita solo al desarrollo de nuevos productos; también puede incluir mejoras en procesos, servicios y modelos de negocio. Puede ser incremental (mejoras graduales) o radical (cambios disruptivos).

### 2. Motivaciones para Innovar

Competitividad: En un mercado saturado, tu empresa debe innovar para diferenciarte de tus competidores. Hay muchas ideas en el mercado y seguirán surgiendo más, así que debes adaptar tus productos e ideas a la mente de la población que escogiste para que sean tus clientes.

### 3- Cambio en las Necesidades del Cliente

Los gustos y preferencias del consumidor cambian con el tiempo; innovar permite a las empresas adaptarse a estas variantes y no quedar presa ni condicionada a acciones que no terminan de acompañar a los constantes cambios que se producen.

La observación constante de estos cambios perfila definitivamente a empresarios exitosos.

### 4-Avances Tecnológicos

La tecnología avanza rápidamente, nuevos descubrimientos, nueva aparatología, pantallas, etc. Es necesario la observación constante para aprovechar nuevas herramientas o las plataformas que pueden ofrecer ventajas significativas.

Esto incluye el fenómeno de mercadeo llamado redes sociales, es imprescindible saber usarlas para tener un crecimiento acelerado y constante. Las redes han pasado a ser los escaparates y vitrinas de tu negocio, así que úsalas con diligencia, credibilidad y verás el crecimiento de oportunidades en los contactos que se generan a partir de las acciones que te propones.

### 5- Proceso de Innovación y velocidad de cambio.

Las empresas suelen seguir procesos estructurados que incluyen los cinco puntos que detallo, pero deben incluir velocidad en ese proceso, porque buenos procesos innovadores fuera de tiempo hacen inoperantes las acciones que se implementen.

- Identificación de oportunidades
- Generación de ideas
- Desarrollo y prueba de prototipos
- Implementación
- Evaluación del impacto

### 6-Cultura Organizacional.

Fomentar una cultura que valore la creatividad y acepte el riesgo es esencial para la innovación.

Esta acción también implica permitir que los empleados puedan experimentar, sin miedo al fracaso, nuevas estrategias o medios para alcanzar mejores resultados en el desarrollo de la empresa.

**7-Ejemplos Exitosos**

Sería por demás extensa la lista de empresas que han sido verdaderas demostraciones y referentes de cambios, novedades. Empresas como Apple, Google y Amazon son ejemplos clásicos que han logrado mantenerse relevantes e innovadoras mediante constantes avances tecnológicos y enfoques creativos hacia el negocio.

Nunca se han detenido, no se conformaron, han trascendido y siguen vigentes con nuevas propuestas en forma decisiva y constante.

**8- Retos Asociados**

Aunque la innovación ofrece muchas oportunidades, también presenta desafíos como altos costos iniciales, incertidumbre sobre el éxito del producto o servicio nuevo y resistencia interna al cambio, pero nada invalida para que el empresario quede estático, viendo como muchos avanzan. Todo lo contrario, los retos y nuevos desafíos son oportunidades de crecimiento y realización.

## CAMBIOS

Es de destacar que los avances tecnológicos han transformado el mundo empresarial en múltiples aspectos.

Mencionaré solo algunos de los cambios más relevantes que experimentamos, no solo en el pasado inmediato, sino que son parte de las profundas trasformaciones de las que están rodeadas no solo las empresas sino el mundo entero:

### 1. Digitalización:

La adopción de tecnologías digitales ha permitido a las empresas automatizar procesos, mejorar la eficiencia operativa y reducir costos. Esto incluye desde la digitalización de documentos hasta el uso de software de gestión empresarial (ERP). Ya no nos tenemos que reunir para firmar un documento oficial, existen software dedicados a esto.

### 2. Comercio Electrónico:

Las plataformas de *e-commerce* han revolucionado la forma en que las empresas venden productos y servicios, permitiendo llegar a un público global sin las limitaciones del comercio físico.

Es alcanzar formas de comercializar, algo totalmente impensada hace unos años, para poder tener una distribución masiva del producto.

### 3. Marketing Digital:

Herramientas de CRM, redes sociales y marketing por correo electrónico o por cualquier plataforma, permiten a las empresas alcanzar a sus audiencias con objetivos muy precisos y de menor costo que el marketing tradicional.

### 4. Inteligencia Artificial (IA):

La IA se utiliza para analizar datos, prever

tendencias del mercado, personalizar ofertas para clientes y optimizar cadenas de suministro. *"Chatbots"* son una aplicación común en atención al cliente que permite mantener una conversación en tiempo real por texto o por voz.

Según datos de consultoras el 38% de las compañías, a nivel mundial tiene previsto usar *chatbots* conversacionales para la atención al cliente. Además, en menos de cinco años su uso se habrá generalizado no solo en este ámbito, sino también en lo referente a incentivar las ventas o fidelizar a los clientes.

### 5. Big Data:

El análisis masivo de datos permite a las empresas tomar decisiones informadas basadas en patrones y tendencias emergentes, mejorando así su estrategia comercial. Gracias a la acción conjunta de analítica y minería de datos, que combina estadística, Inteligencia Artificial y aprendizaje automático, las empresas pueden crear modelos para descubrir conexiones entre millones de registros.

El data mining posibilita, entre otros aspectos, extraer la información relevante y utilizarla para evaluar posibles resultados y de este modo tomar mejores decisiones de negocio.

### 6. Trabajo Remoto:

Las herramientas colaborativas como *Zoom, Slack* o *Microsoft Teams* han permitido que muchas organizaciones operen eficazmente con empleados trabajando desde diferentes ubicaciones geográficas o lugares remotos.

### 7. Blockchain:
Esta tecnología está siendo utilizada principalmente en sectores como finanzas, para asegurar transacciones transparentes y seguras, pero también tiene aplicaciones potenciales en cadenas de suministro y contratos inteligentes.

### 8. Internet of Things (IoT):
Los dispositivos conectados permiten un seguimiento más eficiente del inventario, mantenimiento predictivo en maquinaria y una mejor experiencia al cliente mediante productos inteligentes.

### 9. Fintech:
Las tecnologías financieras están cambiando cómo se manejan pagos, financiamiento e inversiones; ofreciendo soluciones más accesibles para emprendedores.

### 10. Realidad Aumentada (AR) y Realidad Virtual (VR):
Estas tecnologías están empezando a ser utilizadas en áreas como ventas minoristas para ofrecer experiencias interactivas o capacitación virtual para empleados.

Estos avances no solo mejoran la eficiencia operativa, sino que también ofrecen nuevas oportunidades para innovar productos y servicios adaptándose rápidamente a las necesidades del mercado actual.

Es por eso que cada empresario deberá escudriñar estas nuevas tecnologías para aumentar la capacidad de su empresa en la penetración de nuevos escalones de los distintos mercados que se presenten.

Los cambios han sido y son profundos, veloces, no son una carrera, pero no pueden sorprendernos, paralizados, ante lo nuevo que se descubre cada día.

Te animo a que participes en estas experiencias, en foros, en seminarios, en meeting proveedores de cambios e innovaciones que te aproximan a la excelencia, la cual estoy seguro de que, Dios le permite alcanzar, a quién le pide sabiduría en los tiempos modernos.

```
El cielo sabe
dónde tú vas.
```

*"Y si alguno de vosotros tiene falta de sabiduría, pídala a Dios, el cual da a todos abundantemente y sin reproche, y le será dada".*
***Santiago 1:5*** *(subrayado del autor)*

CAPÍTULO 3

# Visión empresarial

*Para ser empresario se necesita tener visión.*

*E*s imposible levantar una empresa sino cargas una visión. La visión es muy parecida a la fe. La visión hace visible lo invisible y lo imposible, posible.

> La visión te ayuda, te enfoca, te catapulta. La visión correcta hace que camines seguro y con paso firme. Lo que a otros le costará muchos años hacerlo, apoyado en la visión, te llevará días.

¿Por qué? Pronto te darás cuenta de que no depende si te ayudan o no te socorren. De hecho, muchas de las grandes empresas nacieron y se levantaron con gente que tenía visión, pero nadie creía en esa visión.

No importa lo fuerte, lo grande, lo atemorizante de los desafíos que se levanten, lo importante es lo que Dios te dijo sobre y acerca de la visión. Es lo que esté plasmado en tu corazón, ya que ese es el verdadero enfoque que le darás día a día.

> **La visión es la que guía y sostiene.**

Así será al levantarte cada día y repasar lo que vas a hacer.

Creo mucho en enfocarnos, hacia donde vamos y hacia donde no debemos ir. Dedica tiempo a ver ejemplos de personas que ya lo han hecho, que tuvieron éxito en la industria, en las finanzas o en la rama empresarial que quieres levantar tu negocio.

Es creer en que si otros lo hicieron tú lo puedes hacer, en contrario, si otros no lo emprendieron serás el primero en hacerlo, con todo lo que implica ese desafío. Pero esto último puede transformarse en el lema y la meta de un gran empresario.

Has lo que te apasione, persigue tu sueño, de lo contrario sufrirás todos los días, porque vivirás en la penuria de la tibieza haciendo lo que a medias te importa, y eso sí, es una verdadera tragedia.

Hubo un tiempo que traté de dejar las empresas y acepté un trabajo como gerente de una compañía de planes médicos en Puerto Rico.

Al principio me entregaron una oficina, yo era el gerente de ventas con un equipo de alrededor de 30 personas, lo cual llevé a 85 personas.

## Visión Empresarial

La dueña de la empresa estaba muy contenta conmigo y de como emprendía las acciones de gestión cada día. Yo estaba apasionado con este nuevo desafío para mi vida personal y laboral. Todo crecía.

Pero había algo dentro de mi que no me gustaba. A medida que pasaban los días y los meses trabajando, no sentía que era mi función ni lo que estaba haciendo me hacía sentir completo.

Llegó un momento, en que todos los viernes celebraba haber salido del trabajo como cuando te quitan un yunque de un pie, una carga que verdaderamente me sofocaba, y luego lo domingos por la noche, ocurría lo contrario, casi no podía dormir por la ansiedad que me provocaba tener que volver a la oficina el lunes que ya llegaba.

Era un tremendo y muy buen espacio de trabajo, con secretaria, con todas las comodidades para desarrollar la tarea, pero yo sentía que nada de aquello me apasionaba, todo se había convertido en una gran rutina, exitosa para otros, pero no para mí.

A mí me apasionaba hacer negocios y manejarlos a mi manera y a mi estilo. En varias oportunidades confrontamos y chocamos ideas con la presidenta de la compañía, porque no pensábamos igual. Obviamente siempre ganaba ella porque, simplemente, era la dueña.

En otras ocasiones me dijo: "Aquí se hace lo que yo diga…no lo que tú digas", y esas palabras, aunque no me hacían sentir cómodo, eran las correctas, porque la dueña era ella.

Pero el empresario que había dentro de mí parecía

hablarme y decirme: "esto se hace de otra forma y quedará mucho mejor para alcanzar mejores resultados. Efectivamente fueron pasando los meses, y en cada reunión que teníamos, cada lunes, se terminaba haciendo lo que yo había visto y diseñado, porque al trabajar con el equipo de colaboradores lo conocía como nadie, y sabía hasta donde podía confiar en el mismo.

Lo que quiero explicar al contarte mi experiencia como empleado, es que la visión empresarial siempre está presente, no puedes librarte de ella, porque te va a empujar a hacer lo que quieres hacer y a seguir ese verdadero mandato interno. Sea vender café, comercializar carros, vender propiedades o abrir un negocio en la marquesina de tu casa, pero si esa es la empresa que tienes en tu mente, si la logras desarrollar y hacerla progresar, te levantarás todos lo días animado, con fuerza, con ganas, dándoles gracias a Dios por tu negocio.

Limpiarás ese negocio, te dedicarás arduamente, imaginarás la forma de hacerlo más productivo, con esfuerzo constante, te concentrarás en hacerlo mejor cada día, porque es tuyo.

No cometas el error que yo cometí, que, por buscar sueldo seguro, o un poco más de tranquilidad para no estar con el peso de todos los negocios sobre mí, me dediqué y me esforcé por levantarle el negocio a otra persona.

No hice un mal trabajo, entregué el triple de los vendedores que había cuando llegué. La compañía sigue siendo estable y sólida, vendiendo miles de dólares al mes, pero no es lo que me apasionaba.

Un lunes "exploté".

—¡No aguanto más! Le dije a mi esposa. Luego fui directamente a la dueña de la empresa.

—Vengo a entregar la carta de renuncia, me voy este próximo viernes, y ella sonriendo contestó:

—Estaba esperando este día, porque se que tú no perteneces aquí. Pero si de alguna forma te quisieras quedar te voy a doblar el sueldo.

También sonreí.

—Jefa, sabes, cómo me conoces, que voy a decir que no.

Consejo: no debe ni puede haber dinero que pueda apagar una visión empresarial en un empresario que sabe que dentro de él hay una empresa emergente.

Aunque suenen similares, visión y vista no son lo mismo, son muy diferentes.

La vista es una función física, de los ojos y sus complejas conexiones con el cerebro, pero la visión es una función del corazón y es allí donde tiene que generarse para ser consistente y poder perdurar, aun cuando vengan los problemas, las dudas, o los cambios inesperados en lo que estamos haciendo.

Yo, he aprendido en el camino, pero mis comienzos, cuando todo marchaba espectacular, sucedió lo inesperado, de repente el negocio cambió: en Puerto Rico llegó una empresa que cambió la telefonía para siempre.

Se trataba de una compañía española, que le dio un giro de 180 grados a lo que yo estaba haciendo, así que esta gran empresa decidió eliminar los dealers o las tiendas de teléfonos celulares para mover a toda la clientela a los shoppings center/ grandes tiendas.

Esta nueva situación hizo que se produzca un cambio veloz y dramático, cuando lo advertí, comencé a vender todas las tiendas.

Sencillamente el negocio cambió, yo lo estaba viendo, pero tengo que reconocer que muchas veces nos negamos a la realidad, hasta queremos convencernos de que no es tan catastrófico cuando se produce.

Gracias a Dios y su instrucción, fui alertado, pude capitalizar en el cambio y no perder el dinero.

Muchos de los compañeros, que tenían tiendas similares a las mías, aun sabiendo lo irreversible de la situación, se negaron a cambiar, esto fue fatal y devastador para ellos pues al final tuvieron que cerrar las tiendas y vender el inventario que les quedaba por menos valor de lo que les había costado.

Otros de ellos llegaron a la quiebra porque simple y sencillamente no quisieron cambiar cuando el negocio se los pidió.

Si algo debemos aprender de esta experiencia es estar pendiente a los cambios que suceden en la industria que escogiste para abrir un negocio.

> Te aseguro que no importa la rama o el tipo de rubro comercial que escogiste, siempre vas a estar en una dinámica de constante cambio._

## Visión Empresarial

Las ventas te lo van a decir, la competencia te lo va a decir y los clientes te lo van a decir, nada sucede porque si, ni obra de la casualidad, siempre hay alarmas que se encienden, y no por fuego, sino que son el tipo de luces que se encienden en el carro, "falta gasolina", pero uno quiere seguir, pasa una gasolinera y mira para otro lado, sigue, al final, el carro dice basta, al costado del camino quedas lamentando la torpeza de no haber hecho caso a lo que indicaba la pequeña lucecita que aparecía.

Muchas veces son este tipo de situaciones que llevan a la debacle de un negocio, yo comparo estos acontecimientos como cuando alguien me dice: "Dios nunca me habla".

Pero eso no es correcto, el problema no es que Dios no habla, sino que no todo el mundo está dispuesto a escucharlo, y esto último es imprescindible para un empresario que quiere desenvolverse con éxito en los tiempos que vivimos.

CAPÍTULO 4

# El valor de la palabra y las correctas instrucciones

¿Qué te hace ser un empresario diferente?
Una de las acciones para que un empresario sea siempre exitoso, es que viva y tome determinaciones correctas y como una acción constante, tenga orden, sea organizado, esta forma de ser hará de él una persona que cultiva más relaciones que negocios.

Soy de los que piensan que las relaciones son las que llevan a negocios y luego, estos serán los verdaderos impulsores de la economía.

Así que cuando tu comienzas a crear y desarrollar relaciones podrás apreciar que son mucho más que una simple transacción comercial económica entre cliente y empresario, sino que creas un lazo y ese vínculo que debe ir creciendo con el tiempo, porque este cliente va a referirte, a relacionarte y a generar nuevas acciones de negocio con su círculo.

Cada persona se mueve, negocia, desarrolla acciones comerciales en un círculo y si tu logras entrar a ese círculo o alcanzas a llegar a muchos círculos de muchas personas, crearás lazos sólidos que se transforman en perspectivas o posibles clientes en el futuro.

Para crear lazos y desarrollar relaciones necesitas:

1) **Respetar tu propia palabra.**
Esto es, muchas veces, un problema en el área empresarial.
La falta de ética, responsabilidad y de palabra es notoria en los días que vivimos.

*"Pero sea vuestro hablar: Sí, sí; no, no; porque lo que es más de esto, de mal procede".*
*Mateo 5:37*

Solo a modo de ejemplo señalo cuando muchos empresarios te citan a una hora y a esa hora ni ellos mismos están listos o si no pueden llegar, ni toman tiempo para avisar de su retraso.

2) **Necesitas respetar el tiempo de los demás.**
De la misma forma que quieres que respeten tu tiempo, debes respetar el tiempo con quien te has comprometido. Es importante que, si citas una reunión a una hora, llegues a la hora programada.

## El valor de la palabra y las correctas instrucciones

¿Por qué? Porque esa actitud habla de dos cosas: lo primero es que tu valoras a la persona, al cliente, al proveedor, demostrando que es importante para ti y lo segundo es que refleja quién eres y cuál es tu carácter.

El carácter es muy importante a la hora de hacer negocios, no importa que negocio estés desarrollando, lo importante es tener carácter para sostener el negocio, más aún si estás interesado en acciones comerciales a largo plazo que generen una relación constante a través del tiempo.

Busca la oportunidad para evaluar la situación y en consecuencia trata de ayudar lo más que puedas al cliente.

Es de destacar que con este tipo de actitud le estás diciendo al cliente que verdaderamente es importante para ti, que respetas su tiempo, lo que hará que se vea tu carácter como persona y como empresario.

Ese cliente dará un valor superlativo a que eres una persona puntual, exigente, no solo a la hora de hacer negocios sino a la hora de mantener relaciones personales.

Los clientes hablan de quien tu eres con sus contactos, sus amigos y familiares, por eso te refieren.

Ellos mismos dirán: "llámalo a él, que él no falla…si dice a las 3 pm, a las 3 de la tarde estará". Esto es fundamental porque la gente se va a sentir importante, respetada, querrán hacer negocios con gente que valore su tiempo y las relaciones que se generan.

> ¿Qué te hace ser diferente?
>
> Si tu prometes... ¡Cúmplelo!
> Si no vas a poder cumplir...
> ¡No lo prometas!

*"Con tus buenas obras, dales tú mismo ejemplo en todo. Cuando enseñes, hazlo con <u>integridad y seriedad,</u> y con un mensaje <u>sano e intachable</u>.*
*Así se avergonzará cualquiera que se oponga, pues no podrá decir nada malo de nosotros".*
*Tito 2:7-8 (NVI)* (subrayados del autor)

Tuve una situación con un mecánico que le referí a un amigo, ese mecánico era muy bueno, llevaba muchos años de experiencia en su oficio, pero lo que yo no sabía que era muy irresponsable a la hora de poner fecha para terminar el trabajo. El auto de mi amigo permaneció más de tres meses en su taller, solo esperando unas piezas sencillas porque el mecánico tenía mucho trabajo con otros autos.

La pregunta es: ¿Por qué, si sabes que no puedes cumplir con el cliente, sigues tomando trabajos y compromisos? La respuesta es sencilla: queremos tapar con un parche...con el dinero de otro cliente las situaciones que me desbordan.

## El valor de la palabra
## y las correctas instrucciones

Eso es un error, porque al final quedarás mal con las dos personas que confiaron en ti.

Para ser diferente es preciso tener el carácter y la integridad que te llevan a reconocer que puedes y que no puedes hacer. Hasta donde llegar y hasta donde no. Hay negocios que no deberías hacer porque están fuera de tiempo, pero hay negocios que es preciso atender con urgencia y diligentemente.

En asesoría empresarial siempre me preguntan acerca de en qué momento debo contratar nuevos empleados al comenzar o afianzar un negocio para agrandarlo o hacerlo más robusto.

Mi respuesta es siempre la misma: El mismo negocio "dirá" cuando es el momento más oportuno para contratar más empleados.

Cuando ya no tienes el tiempo para manejar el negocio tú solo o la efectividad de tu empresa ha comenzado a verse afectada, es tiempo de contratar uno o varios empleados.

Como consejo, sugiero que ese empleado no debería ser un familiar cercano a menos que respete tu posición. De lo contrario deberías explicar las reglas y condiciones específicas de hacia dónde quieres llevar el negocio y cuáles son los roles que tiene que cumplir como empleado.

Uno de los grandes problemas que tienen los empresarios es que piensan que el empleado tiene la misma mentalidad y visión que ellos, pero hasta que no se le explique detalladamente no la van a conocer.

No des o tomes por sentado que ellos saben todo lo que tienen que hacer porque si no has hecho una descripción correcta de trabajo en el momento de comenzar no podrás exigir el cumplimiento o aprobar si hicieron algo en forma correcta o por el contrario equivocaron la tarea.

Si esa descripción de trabajo fue otorgada por ti o por el área correspondiente de tu empresa, en el momento de la contratación, entonces sobre ese papel y esas instrucciones puedes exigir o tomar la decisión correcta acerca de la evaluación en la tarea que estás observando.

CAPÍTULO 5

# ¿Cuándo nace una empresa?

## ¿Verdadero nacimiento?

*U*na empresa no nace cuando alguien alquila un local, renta un espacio, compra escaparates para exhibir mercaderías o cuando ya está desarrollada y funcionando.
Una empresa nace en el corazón y en la mente del empresario, luego será la idea que comenzará a tener forma, a materializarse, a hacerse realidad.

**Muchos me han preguntado como comienzo una empresa.**

```
Hay que estar totalmente
fascinado con la idea de ese
negocio. No puedes levantar
una empresa sólida sin estar
totalmente embarazado de
ese sueño._
```

*"Si fueres flojo en el día de trabajo,
tu fuerza es pequeña."*
*Proverbios 24:10*

**1)** Lo contrario sucederá porque es solo una idea que nunca se verá concretada, tal como un barco que nunca llega a puerto.

Conozco mucha gente que un lunes quiere ser empresario para levantar un negocio de comidas rápidas pero el miércoles cambia todo, y piensa que con venta de ropa le irá mejor.

Ese tipo de personas, sumergidas en sus inconstancias, terminan siendo solo soñadores de buenos sueños, pero nunca se convierten en empresarios, porque para ser empresario hay que sostener el enfoque, la determinación y las metas.

¿Cómo? Manteniendo en alto la idea que se tiene respecto a las maneras y formas de llevar adelante la empresa.

Por eso es necesario estar "enamorado", "embarazarse" de esa empresa que vas a dar a luz, tiempo después.

**2) Siempre calcula los tiempos.**

Conozco un amigo que me dijo: José Luis, siempre que quieras emprender un negocio, revisa una y otra vez lo que puede salir mal.

Se honesto contigo mismo, porque posiblemente fracasas para poder comenzar a salir adelante en las áreas donde las posibilidades de derrota son mucho menores. Una de las razones de los fracasos más frecuentes, que pocas veces se tienen en cuenta, son los tiempos de ver concretadas ciertas acciones de la empresa.

Se especula, se alimentan ilusiones rápidas pero que están totalmente alejadas de la realidad.

Si bien cuando creamos empresas tenemos expectativas de qué alcanzar, cuáles son los logros que esperamos, pero fallamos a la hora de los tiempos. A veces por mucho esperar, otras por apresurar los tiempos.

Se necesitan ajustar relojes y calendarios a la realidad, eso nos hará mucho más previsibles y estar preparados ante las contingencias o obstáculos que pueden presentarse.

Nadie está exento de problemas inesperados.

### 3)   Conoce tus debilidades.

Cuando te dispones a levantar un negocio o una empresa eficiente, es probable que conozcas tus virtudes, tus fuerzas, tus metas, pero quizás tu falla es no es conocer tus debilidades o prestarle poca atención a esos puntos grises, que sabes que los tienes, pero no asumes que pueden conspirar contra la buena marcha de tu negocio.

Las debilidades pueden ser muchas: desde no mantener tu palabra, te desdices fácilmente, dejas para mañana, no tienes disciplinas en el orden de tus papeles, hay infinidad de debilidades, pero a todas y cada una de ellas debes prestarle atención para corregirlas lo antes posible.

> *"Cuando ustedes digan "sí", que sea realmente sí; y cuando digan "no", que sea no.*
> *Mateo 5:37 (a) NVI*

Un empresario se forma, no conozco ningún empresario que se levante a la una de la tarde y que sea exitoso.

Todos los empresarios comienzan temprano en la mañana a desarrollar, planificar las ideas o las tareas del día, a preparar, evaluar el mercado y a levantar, con ímpetu, lo que está tratando de lograr.

> *"El que recoge en el verano es hombre entendido;*
> <u>*El que duerme en el tiempo de la siega*</u>
> *es hijo que avergüenza".*
> *Proverbios 10:5 (subrayado del autor)*

Comenzar de "0" es difícil pero luego de ese primer paso, si estás "embarazado del proyecto" no vas a poder dejar de esforzarte y trabajar hasta lograr el objetivo trazado.

Este tipo de procesos tiene muchas similitudes con un embarazo, porque una vez gestados, forman parte de uno, no se pueden desprender de la vida como si fuera un papel o un juguete viejo.

Destaco la palabra embarazo porque este tiene las particularidades que puedes aplicar a tu negocio o a tu empresa, ambos requieren "tiempo completo". Es

### ¿Cuándo nace una empresa?

llegar a un momento que "darás a luz", donde todos lo esfuerzos te centran en esos días del nacimiento y cómo la mejor mamá, es tiempo de dar todo, de no escatimar ganas ni fuerzas.

Las empresas que nacen de este modo tienen la marca y la señal en sus genes, de haber sido gestadas y nacidas no de causalidad sino fruto del "enamoramiento" que has tenido con tus sueños y desafíos.

Los fracasos anteriores, que puedes haber sufrido, tienen tres lecturas: primero, tal vez la más importante, es seguir intentándolo, pero debes mantener un objetivo a la vez.

Lo segundo es que los fracasos no pueden frustrarte o detenerte, para no volver a intentarlo, y la tercera es que los fracasos anteriores deben enseñarte, aprende las lecciones, aún las dolorosas, para no volver a cometer los mismos errores y poder celebrar el éxito que esperas.

No hay manera de levantar tres negocios diferentes al mismo tiempo.

Tienes que enamorarte de uno, luego los negocios y demás desafíos vendrán por añadidura.

## *"todas estas bendiciones vendrán sobre ti y te alcanzarán". Deuteronomio 28:2 (a)*

No sigas las bendiciones, no corras desesperado tras ellas, no las persigas, como el buen burro tras la deliciosa zanahoria o el lindo queso que te lleva a la trampa.

Las bendiciones llegarán, porque son promesas para el valiente, el esforzado y el que se ha determinado a vivir la vida y los negocios en integridad y respeto.

CAPÍTULO 6

# Tres hábitos que transformaron mis finanzas

*(y que tú, también, puedes empezar hoy)*

*A*** horrar regularmente:** Al principio, era solo un poco cada mes, pero con el tiempo, ese hábito se convirtió en un verdadero pilar de mi estabilidad financiera.

**Gastar menos de lo que ganas:** Este acción ayudó a evitar deudas y a encontrar maneras de liberar dinero para mis inversiones, las cuales consideré oportunas y más rentables de las que estaba emprendiendo.

Los puntos anteriores pueden sonar parecidos, es verdad que parten de una misma raíz y su esencia es cuidar mi economía de sobresaltos, pero a la hora de los problemas son grandes aliados de la prevención económica/financiera que debemos tener.

Nadie, por más sólido que se encuentre, puede asegurar que está libre de verdaderos terremotos que se presentan sin demasiados avisos. Es de esperar lo bueno pero es de sabios estar preparados para lo malo y desafiar a lo que puede venir.

A modo de ejemplo podemos citar el colapso económico de 2008, en muchos lugares del mundo, los cuales tuvieron vastas y variadas consecuencias.

Bancos que quebraron, (Silicon Valley Bank, Washington Mutual, así como de los bancos de inversión Lehman Bros y Bear Stearns, fue seguida de la quiebra de gran parte del sistema.

También hay fenómenos climáticos, huracanes (Fiona, María, Ernesto) que no solo producen muertes, también desmantelan redes eléctricas, destruyen casas, inundan propiedades, malogran carreteras, producen una ola expansiva de caos, tal vez más destructiva que un verdadero tsunami, del cual es muy difícil salir indemne sino se ha tenido la precaución de los recaudos financieros que tienen que ver con el ahorro y el gastar menos de lo que ganas.

**Invertir de forma constante:** No se trata de empezar con mucho dinero.

Comencé poco a poco, dejé que el tiempo y el interés compuesto hicieran "su magia" para mostrar resultados. Posiblemente no sea tan simple como lo presentan algunos consejeros, pero bien vale el observar este tipo de acciones en los negocios, que pueden aportar recursos genuinos a la hora de emprender.

Los tres puntos, que acabo de compartir, los enseña el joven empresario y educador financiero, Kevin Rodríguez, que, con solo 28 años, ya cuenta con una de las plataformas más importantes de la industria de la educación financiera online.

## Tres hábitos que transforman mis finanzas

Este empresario da prioridad a estos 3 consejos que te permitirán tener el suficiente capital cuando se presente una buena oportunidad de negocios.

En los negocios debes estar siempre preparado para nuevas oportunidades y estas se presentan muchas veces sin avisar.

Otro caso es del presidente de clasificados online, José Martínez, quien relata que una vez compró un lote de tierra, con la ayuda de un amigo banquero, a un increíble precio.

Pero esto sucedió porque estaba preparado.

Así mismo relata que dicho lugar lo preparó con un concepto de área recreativa familiar con bares, restaurantes y salones privados.

Para comenzar la construcción también compró mucho acero, lo llevó al sitio, pero necesitaba los servicios de un soldador con experiencia.

Comenzó a buscar y no aparecía alguien que lo ayudara con esto.

Relata, en una conferencia para empresarios, donde asistí, que estuvo a punto de renunciar a este proyecto por falta del soldador que necesitaba.

Un día llega un amigo con tres personas a la casa para llevarle unas cosas y le presenta a quien lo acompañaba y le dice oye:

— José te presento a mi amigo, si lo necesitas, algún día, él es soldador profesional y se especializa en acero estructural.

Imagínense la cara que puso José cuando tenía al profesional que estaba buscando en su casa, inmediatamente le dijo:

—Hombre se te acabaron tus problemas, Dios te trajo para que trabajemos juntos.

Luego de esto, trabajó 8 años con José y hoy día el lugar es uno de los más espectaculares de Puerto Rico.

No tengo duda de que Dios te quiere próspero, por eso nunca debes dudar de que Él siempre va a intervenir en tus negocios como "CEO" de tu empresa y arquitecto de tus ideas.

*"Entrega al SEÑOR todo lo que haces; confía en él, y él te ayudará".*
*Salmos 37:5*

CAPÍTULO 7

# Doce consejos para ser un empresario exitoso.

*1*- **Mientras más grande sea tu sueño, más temprano tienes que levantarte.**

Es posible que la idea de negocio que quieres desarrollar, ya se esté desplegando en la mente de otra persona.

En el mundo de los negocios es fundamental el tiempo para emprender, pues eso puede ser muy importante a la hora de desarrollar una empresa.

Imagínate que vives en un pueblo pequeño y que no hay una cafetería gourmet, tú quieres hacer una y por estar pensándolo mucho o levantándote tarde o tratando de hacer algo tan perfecto que nunca lo comienzas, pero llega otro emprendedor, tal vez sin tanta perfección, pero con más ganas que tú.

Esto sería muy muy triste.

Yo lo he visto en otros negocios con otra gente.

Así que mi consejo es hazlo primero, levántate temprano para que puedas desarrollar lo que quieres hacer, no permitas que otro se adelante a tu sueño y frustre tus expectativas.

**2- Recibe consejos de alguien que esté a donde tú vas, nunca de gente que no ha ido ni ha estado en ese sitio.**

Nunca le pidas alguien que no ha desarrollado nada que te diga cómo hacer lo tuyo.

Esa persona, aunque sea muy buena o tenga las mejores intenciones para ayudarte no sabe los riesgos, no tiene tu mente, mucho menos pensamientos y desafíos empresariales, pues si lo hubiese tenido, seguramente ya lo hubiera desarrollado en algún otro negocio.

Siempre rodéate de gente que ha alcanzado cosas que tú quieres alcanzar porque no está mal tener un norte, expectativas, una meta y pensar quiero ser como él en esta área. Busca modelos de empresas y empresarios que han sabido superar dificultades haciendo lo correcto.

Aplícalo a tu vida, también a tu carácter, tienes que ver qué cosas hacen bien y qué cosas hacen mal, no se trata de copiar, se trata de aprender para no cometer errores. Estas acciones te llevarán a hacer correctamente los desafíos que se presenten.

*"Querido amigo, no te dejes influir*
*por ese mal ejemplo.*
*Imita solamente lo bueno".*
*3 Juan 1:11 (a) (NTV)*

**3- Piérdele miedo al fracaso, los buenos empresarios lo ven como experiencia y una nueva oportunidad para comenzar algo nuevo.**

Un amigo me dijo: "José Luis siempre comienza pensando qué es lo peor que puede pasarte si haces lo que quieres hacer".

Si piensas de esa forma le perderás el miedo a fracasar, pues la mayoría de la gente cuando quieren levantar un negocio están pensando en ganancias y en que cuando pongan el letrero, abran el negocio, el primer día venderán miles de dólares. Es lindo... pero en la realidad los negocios no funcionan así. Muchas veces se tarda muchísimo en ver ganancia, que resulte próspero tu emprendimiento, pero en ese tiempo adquieres experiencia, sabiduría para hacerlo mejor.

Otras veces el negocio no era lo que tú esperabas y tienes que cambiarlo por otro. Tranquilo... no pasa nada... sólo fue una gran experiencia, continúa adelante, crece. No hay frustración para que te detengas.

¡Lo próximo será mejor!

*"Adquiere sabiduría, adquiere inteligencia; no olvides mis palabras ni te apartes de ellas".*
**Proverbios 4:5** *(Subrayados del autor)*

**4- Mantén el enfoque a pesar de las dificultades.**

El enfoque es vital a la hora de levantar un emprendimiento, porque siempre habrá gente que va a querer dañar, opacar, destruir lo que tú quieres construir.

Aparte de Empresario soy Pastor.

Un día fui a alquilar un local para la iglesia y le pedí consejo a un amigo que ni era pastor ni había levantado alguna iglesia, le dije, ven acompáñame, vamos a ver un local que quiero levantar una iglesia en ese sitio.

Cuando entramos al lugar el sitio, estaba destruido, él me dijo que era imposible, levantar una iglesia en ese lugar, hay que gastar más de 30 o 40 mil dólares... Aunque era mi amigo quien me lo decía, me resistí a creerle.

No le hice caso. Mantuve mi enfoque.

Volví una segunda vez, pero solo. Viéndolo bien, me dije: esto sólo necesita cariño, pintura y unos cuantos arreglos.

En ese lugar levantamos una iglesia que duró seis años hasta que compramos el edificio que tenemos hoy día.

Si no habría mantenido mi enfoque, tal vez alguien hubiese montado una iglesia en ese sitio y ese no hubiera sido yo.

**5- Sigue caminando hacia y creyendo a tu sueño, aunque nadie quiera soñar contigo.**

Cuando levanté mi primer negocio nadie de mi familia me apoyó, todos mis amigos me dijeron que estaba loco, todo parecía ser desaliento, y los "no se puede", eran una constante en la gente que se me acercaba, pero yo tenía un sueño: ¡Ser empresario!

Doce consejos para ser un empresario exitoso.

Tener mi propio negocio, emprender, crear una empresa y no tener que rendirle cuentas a nadie.

Ese primer emprendimiento duró tres años, luego lo cambié por otro, pero es indudable que esta fue la primera plataforma para que yo pueda entender que no importa quien no cree en mí o quien solo trae desaliento, yo debo creer en mí, y en mis sueños, Dios está de mi lado, solo con Él puedo alimentar mis desafíos y "regar" los emprendimientos en los cuales creo.

**6- No te preocupes por la opinión de los que no creen en ti. Tu éxito nunca se debió a la opinión negativa de nadie.**

Hay momentos que le damos demasiado valor a la opinión de la gente, pero puedo asegurarte de que tu éxito no depende de la opinión de nadie.

Es importante que calles las voces que tienes alrededor y comiences a escuchar voces de soñadores y de gente emprendedora que quieren que tú alcances lo que te propusiste.

Voces que sumen, que te alientan, voces que no ven ni tus cansancios ni tus impedimentos. Voces que son capaces de sostenerte aún en los momentos más difíciles.

*"Por todos lados nos presionan las dificultades, pero no nos aplastan. Estamos perplejos, pero no caemos en la desesperación."*
*2 Corintios 4:8 (NTV)*

Cuando Jesús vino a esta tierra llegó con un discurso totalmente diferente, a lo que toda la gente había escuchado, así que se rodeó de doce personas, que los formó, los hizo sus discípulos, los hizo crecer como personas y como futuros ministros para que impulsaran la visión de la misión por la cual llegó.

Cristo, el hijo de Dios, llamó y buscó hombres comunes, que luego se hicieron extraordinarios. Seguramente once de ellos tenían las virtudes en su interior, pero se necesitó la voz de un llamado y de una formación, para que dejaran lo que tenía que ser abandonado y se potenciarán hacia lo increíble de su llamado.

De la misma forma busca gente que impulse tu sueño, que te ayude a mover y a prosperar tu empresa, que te motiven y alienten a seguir adelante, gente que no mire tus caídas, sino que se alegre al ver como que te levantas.

> *"Por eso, anímense y edifíquense unos a otros, tal como lo vienen haciendo".*
> *1 Tesalonicenses 5:11 (NVI)*

No escuches la opinión de gente que ha fracasado, personas que vivieron derrotas tras derrotas, posiblemente porque en su soberbia y en sus orgullos fueron negligentes, tuvieron oídos sordos a quienes quisieron ayudarlos.

No aceptes consejo del mal consejero, sus palabras solo traerán ruina y desesperanza.

Doce consejos para ser un empresario exitoso.

## 7- Rodéate de gente que tengan sueños y metas, los demás son solo seguidores u oportunistas de tus favores.

El círculo de personas a tu alrededor es determinante a la hora de tomar buenas o malas decisiones. Siempre tendrás los amigos que sólo están pendiente a pasar la vida lo más alegre posible, pero sin tomar riesgos ni compromisos, miran de lejos, nunca se involucran.

También tendrás otro grupo, que son los soñadores, nunca se atreven a dar el próximo paso, así que todo termina en "sueños nada más", como dice la canción.

Es aquí donde hay que distinguir entre sueños, desafíos, búsqueda de nuevas oportunidades y los soñadores, lo esperanzados en hechos fortuitos, en esperar sin esfuerzos, a estos últimos evita, te desenfocan, te demoran y atrasan el reloj de tus objetivos.

No estoy diciendo que seas un antisocial, sólo te advierto que hay gente que debes escuchar y otros que no.

Escucha personas que estén a tu alrededor y que te impulsen a seguir, y a otros cierra tus oídos, para que no ocurran demoras en alcanzar las metas prefijadas.

Tuve buenos y verdaderos amigos que, en mis primeros negocios, creyeron tanto en mí que cada vez que veían algo distinto en alguna tienda, como formas de promociones que yo no aplicaba pero que podría usar para potenciar, o dar un mejor servicio en mis negocios, me mandaban fotos, daban ejemplos de funcionamiento y me decían: ¡Mira para tu negocio!

Esos son personas que te ayudarán a capitalizar tus metas. Recibe este consejo:

*"El que anda con sabios, sabio será,*
*El que se junta con necios*
*será quebrantado"*
*Proverbios 13:20*

**8- Todo lo puedes hacer, pero trabaja una meta a la vez. Todo a su tiempo. No aceleres más de lo que necesita tu negocio.**

Cuando abras tu primer negocio y la gente, o amigos vean que lo llevas adelante con buenos resultados, comenzarán a llegar las ideas de Negocios para otras cosas, aunque parezcan interesantes o muy rentables, cuidado, no te des desenfoques.

Si estás en el comienzo de tu negocio, dedícate al que estás levantando, fortalécelo, dale bases sólidas, antes de probar suerte en otro.

Este es un error muy común que suele suceder con jóvenes empresarios. Si eres Barbero y estás montando tu barbería, es probable que algún cliente te dirá: "Vamos a montar un supermercado", porque te ven teniendo éxito en tu negocio.

No es que no puedas levantar el supermercado, una tienda u otro comercio, pero recuerda el tiempo, es muy importante. Levantar y llevar a la plenitud a tu barbería todavía no ha terminado.

Doce consejos para ser un empresario exitoso.

*"Todo tiene su tiempo, y todo lo que se quiere debajo del cielo tiene su hora. Tiempo de nacer, y tiempo de morir; tiempo de plantar, y tiempo de arrancar lo plantado; tiempo de matar, y tiempo de curar; tiempo de destruir, y tiempo de edificar;*
Eclesiastés 3:1-3*

Cuando tu negocio o tu empresa hayan alcanzado la madurez necesaria, entonces puedes pensar en darte la oportunidad de desarrollar otros emprendimientos.

**9- El fracaso de otro no tiene por qué ser tu realidad.**
En uno de los negocios que levanté tuve gente que me dijeron no te arriesgues a hacer eso, porque tengo un amigo que trató y no le salió. Fracasó.

Si tú estás claro y definido en que lo puedes hacer y consciente de qué tu negocio puede tener éxito, lo que debes hacer es estudiar por lo que los demás fracasaron, qué los llevó a la derrota.

¿Por qué? Simple, para que a ti no te pase.

Si es un establecimiento verifica los accesos, los estacionamientos, los letreros. Ten presente a que público quieres llegar, analiza por qué querrán elegir tu empresa o el servicio que prestarás. Lo que se llama en el Mercadeo "la demográfica", esta no es una posibilidad, sino que es una observación y estudio decisivo en los resultados que esperas de tu emprendimiento.

**10- Edúcate, estudia, lee hasta el cansancio en lo que pretendes hacer. Si quieres éxito tienes que ser el mejor en eso.**

Es importante educarse y estudiar a fondo sobre el campo en el que deseas emprender. La educación continua y la adquisición de conocimientos son fundamentales para alcanzar el éxito en cualquier emprendimiento.

Además, la lectura constante te permitirá mantenerte actualizado y mejorar tus habilidades en tu área de interés. Ser el mejor en lo que haces requiere dedicación, esfuerzo y perseverancia.

Recuerda Proverbios 1:7 *"...los necios desprecian la sabiduría y la disciplina".*

**11- La opinión de algunas personas proviene desde la plataforma de sus miedos. Nunca olvides eso, porque será determinante a la hora de correr riesgos.**

Es importante tener en cuenta que las opiniones de las personas, en el ámbito empresarial, pueden estar influenciadas por sus propios miedos y preocupaciones, también sus celos, sus envidias o sus propias frustraciones y fracasos.

Al tomar decisiones arriesgadas o innovadoras, es fundamental evaluar cuidadosamente estos factores para comprender cómo pueden impactar en la percepción y aceptación de dichas decisiones.

La gestión de riesgos y la comunicación efectiva son clave para minimizar las resistencias y maximizar las oportunidades en un entorno empresarial competitivo.

**12- Alguien dirá: no lo hagas, ya yo lo intenté y no me funcionó o darán el inoportuno consejo: ya hay muchos haciendo lo mismo o el infaltable… ¿Para qué quieres hacer o dedicarte a tal o cual negocio?**

En situaciones como estas, es importante recordar que cada persona y cada empresa son únicas, por lo que experiencias pasadas no necesariamente dictan el resultado futuro.

Es fundamental confiar en tus propias habilidades y perspectiva para seguir adelante con tus ideas y proyectos.

Escuchar consejos puede ser útil, pero también es crucial creer en ti mismo/a y en tu visión empresarial. ¡Sigue adelante con determinación y confianza!

Tu respuesta no puede tardar:

"Simple, muy simple, lo quiero hacer porque es mi pasión y estoy convencido de que lo haré mejor que los demás."

CAPÍTULO 8

# La oportunidad perdida y los errores más comunes

*E*n cierto momento, mi compañía de mercadeo trabajaba en una campaña de mensajería de textos (SMS) para una franquicia de tacos mexicanos.

Esta misma empresa también trajo una franquicia de Pizza de la ciudad de Nueva York.

Nos reunimos con el director de mercadeo y nos presentaron este nuevo negocio, yo no estaba interesado en adquirir ninguna franquicia porque estaba levantando nuestro propio emprendimiento de mercadeo.

Pero, casi obligado, le pregunté al director de cuánto costaba. Él me contestó que estaba muy barata y agregó: Ahora mismo, si te interesa hacemos una cita con el presidente.

Inmediatamente le contesté que realmente no estaba interesado y que dudaba mucho que, en una isla, donde había tantas pizzerías, esta pueda funcionar.

El director sonrió.

—Hay muchas pizzerías, pero ninguna usa los ingredientes tan frescos y tan saludables como la de nosotros, por eso la trajimos.

Le confieso que dudé muchísimo y mi pensamiento fue todo lo mismo, así que no me interesó nada, ni conocer el precio o algún posible inicio de negociaciones.

Tiempo después seguimos el proyecto de mercadeo con las mismas personas y conocí a una licenciada que adquirió dos de estas pizzerías.

En mi pensamiento estaba la idea... ¡Pobre señora... perderá su dinero!... Hay demasiadas pizzerías en el mercado.

Un año después, habíamos finalizado el proyecto y pasé por una de las de las calles de Puerto Rico, vi la pizzería de la licenciada, estaba repleta de gente entrando y saliendo.

Marqué el número de teléfono del director de mercadeo, y le pregunté:

—¿Cómo va el proyecto de la pizzería?

—Todo un éxito, tenemos lista de espera de empresarios que quieren adquirir una franquicia. ¿Estás interesado para hablar con el presidente?

Les confieso que la contestación era ¡sí! pero por orgullo le dije que no.

Pero contesté:

—Sólo por curiosidad... ¿A cuánto están vendiendo las franquicias?

—Bueno ahora mismo la franquicia está en $500.000.

### La oportunidad perdida y los errores más comunes

—Cuando llegaron y tuvimos la primera reunión... ¿Cuánto costaba?

—Como era nueva y nadie la conocía la estábamos dando en $150.000. Recibí por respuesta que quedó martillando mis oídos, mientras recordaba el éxito de lo que yo había llamado: ¡Pobre señora!

Vaya lección que aprendí.

Hoy es una de las cadenas de pizzerías más grandes de Puerto Rico: "Marcos Pizza".

Nunca creas que sabes demasiado como para dejar ir una oportunidad que, posiblemente, sea tu gran éxito en el mañana.

Tal vez pude haber sido dueño de varias tiendas de pizzería, pero no vi la oportunidad porque pensé que sabía demasiado de algo que realmente no conocía nada.

> "El futuro tiene muchos nombres. Para los débiles es lo inalcanzable. Para los temerosos, lo desconocido. Para los valientes es la oportunidad".
> Víctor Hugo

Si alguien te presenta un desafío comercial no te cierres inmediatamente, escúchalo, medítalo, analiza las ventajas y las desventajas, luego será tiempo de tomar decisiones.

Claro que no todas las oportunidades son para ti, pero si llegaron a ti, se cuidadoso antes de decir que no, también ser precavido en decir si rápidamente, porque puede ser que sea tu gran oportunidad o que ese sueño se trasforme en pesadilla.

Emprender un negocio es una aventura emocionante, pero también puede estar llena de desafíos, los cuales es necesario asumir desde una perspectiva de cuidados, de no aventurarse, porque parece que va a ir bien.

Quiero brindar algunos de los errores más comunes que cometen los empresarios y cómo pueden evitarse:

### 1. Falta de Planificación

<u>Error:</u> No tener un plan de negocios, claro detallado, donde figuren los puntos fuertes o las debilidades del emprendimiento.

<u>Cómo Evitarlo:</u> Crear un plan que incluya investigación de mercado, análisis financiero, estrategia de marketing, objetivos a corto y largo plazo.

### 2. Subestimar la Competencia

<u>Error:</u> Ignorar o no investigar adecuadamente a los competidores.

<u>Cómo Evitarlo:</u> Realizar un análisis competitivo, exhaustivo, para entender el panorama del mercado y encontrar oportunidades para diferenciarse.

### 3. No Conocer al Cliente

**Error:** No identificar claramente quién es el cliente objetivo.

**Cómo Evitarlo:** Investigar las necesidades, deseos y comportamientos del cliente potencial mediante encuestas, entrevistas o grupos focales.

### 4. Mala Gestión Financiera

**Error:** No llevar un control adecuado sobre las finanzas del negocio.

**Cómo Evitarlo:** Mantener registros financieros precisos, elaborar presupuestos y seguir métricas clave como flujo de caja.

### 5. Negligencia en Marketing

**Error:** Subestimar la importancia del marketing o no tener una estrategia clara o estar atado a formas de mercadeo que son perimidas, obsoletas o que han fracasado en otros emprendimientos.

**Cómo Evitarlo:** Desarrollar un plan de marketing integral que contemple diferentes canales (redes sociales, publicidad escrita, SMS, email,) adaptados a tu público objetivo.

### 6. Ignorar la Retroalimentación

**Error:** No escuchar a los clientes ni ajustar el producto/servicio según sus comentarios.

**Cómo Evitarlo:** Implementar mecanismos para recibir retroalimentación constante y estar dispuesto a hacer cambios basados en ella. Tal vez cabría el viejo refrán: "no hay peor sordo que el que no quiere oír."

### 7. No Adaptarse al Cambio

<u>Error:</u> Aferrarse a una idea original sin adaptarse al entorno cambiante del mercado.

<u>Cómo Evitarlo:</u> Ser flexible y abierto a ajustes en el modelo de negocio según las tendencias del mercado o cambios en la demanda.

*"Los necios creen que su propio camino
es el correcto,
pero los sabios prestan atención a otros".
Proverbios 12:15*

### 8. Contrataciones Inadecuadas

<u>Error:</u> Contratar personal sin evaluar adecuadamente sus habilidades, cultura organizacional o disposición al trabajo.

<u>Cómo Evitarlo:</u> Definir claramente qué se necesita en cada puesto e implementar procesos rigurosos de selección.

### 9. Sobrecarga Personal

<u>Error:</u> Intentar hacerlo todo uno mismo, hasta el agotamiento, puede conducir al fracaso personal y empresarial.

<u>Cómo evitarlo:</u> Delegar tareas donde sea posible; construir un equipo sólido, capaz, íntegro, fiel, donde cada miembro tenga responsabilidades claras y siempre respete tu visión empresarial.

### La oportunidad perdida y los errores más comunes

Evitar estos errores requiere preparación, flexibilidad, audacia, es creer que uno no sabe todo por más experiencia que tenga. Todos necesitamos tener la disposición a un aprendizaje continuo durante el proceso empresarial, y recuerda:

*"El que afirma que lo sabe todo,*
*en realidad, no es que sepa mucho;"*
*1 Corintios 8:2 (NTV)*

*CAPÍTULO 9*

# La mente de Cristo

*"Mas nosotros tenemos la mente de Cristo".*
*1 Corintios 2:16 (b)*

P osiblemente te preguntes el porqué de citar este texto bíblico, en un libro para empresarios.

En verdad lo considero absolutamente trascendente a la hora de aplicar y/o ejecutar estrategias no solo netamente comerciales sino con lo que refiere a creatividad, posicionamiento, formas de mirar la realidad o las proyecciones de los lineamientos que le vamos a dar a la empresa o al negocio que emprendemos, desarrollamos o impulsamos.

Es indudable la complejidad de los factores en los tiempos que vivimos, donde se requieren miradas y pensamientos que superen cada día las distintas dificultades que se presentan, por eso el "tener la mente de Cristo", es mucho más que un texto, sino que es esencialmente lo que vivimos los empresarios cristianos al anhelar tendencias comerciales que sean absolutamente superadoras.

Tener la "mente de Cristo", no es ver el agua como obstáculo, sino un medio para navegar y poder superar las distancias o los imposibles que se presenten.

Los mares no fueron los obstáculos para los pueblos, sino los que se atrevieron a desafiarlos, no solo conquistaron nuevos lugares, descubrieron nuevas tierras, adquirieron conocimientos, comercializaron nuevas mercaderías, tuvieron la oportunidad para presentar, ver y ser parte de verdaderos milagros.

La mente empresarial no se detiene, es creadora, desarrolla y lleva a la concreción de proyectos, está embebida de una arquitectura espiritual que la hace única.

La mente empresarial debe tener esa base estructural, ya que, al creer y vivir la Mente de Cristo, tiene acceso a planteos verdaderamente superiores, creativos, superadores.

> Dios está interesado en que todos seamos, de una forma u otra, empresarios, que revestidos de lo que Dios da, alcancen y sostengan lo que les ha sido confiado, como depositarios de destinos grandiosos._

Uno de los hombres más importantes de la Biblia, que tuvo un encuentro con Jesucristo, fue José de Arimatea. No hay registros de que haya hecho milagros o cosas espectaculares durante su vida, si fue profeta, evangelista o predicador, pero fue el encargado de cuidar y de sepultar el cuerpo que utilizó nuestro Dios en esta tierra.

José de Arimatea también era un hombre rico, así que el empresariado ha jugado un papel importante y de preponderancia en la Biblia.

Todos tenemos un empresario dentro de nosotros. Así que, si no lo eres, no has empezado a ser, es porque tal vez no has identificado en que eres bueno o en que te apasionas.

Puedo asegurar, sin temor a equivocarme, que tienes un "ADN" empresarial.

Todos, dice la Biblia, que somos simientes (semilla) de Abraham, somos parte de ese linaje, y este patriarca era un empresario de Ur de los Caldeos.

El pueblo de Dios comenzó su camino, de la mano y la gestión de Abraham. No fue profeta, no fue evangelista, pero era un empresario.

Miremos otro ejemplo, de quién fuera el ministro de economía del reino más poderoso de la tierra, Egipto:

*"El encargado no tenía de qué preocuparse, porque José se ocupaba de todo. El SEÑOR estaba con él*
*y lo prosperaba en todo lo que hacía".*
*Génesis 39:23*

¿Por qué Dios está interesado en empresarios?

Porque los empresarios retan, desafían la vida día a día. Le creen a Dios cuando abren sus empresas o sus negocios, y si uno se cae, buscan otro o la forma de revertir los resultados del negocio que está fallando.

Los empresarios con "mente de Cristo" acuden al consejo sabio del Altísimo, no solo para descubrir la verdadera razón de la falta de resultados sino para tomar impulso en la nueva gestión o el nuevo desafío que emprenden.

Esa es la tenacidad, la capacidad, la dureza, la firmeza de carácter y de decisiones que está buscando Dios en la vida de la gente.

La forma de emprender es lo que hará la diferencia del resto.

Todos nosotros tenemos ese ADN divino, que nos caracteriza, porque comenzamos a crear, sin todavía ver la realidad de lo que será. Eso es fe.

*"La fe demuestra la realidad de lo que esperamos; es la evidencia de las cosas que no podemos ver".*
*Hebreos 11:1 (NTV)*

Tu sueño nunca es ni será tan pequeño para que no lo desarrolles, si Dios lo puso en tu corazón y en tu mente es porque lo puedes llevar adelante.

```
Dios conoce la plenitud de tu
potencial._
```

Puede ser que no conozcamos donde está la altura y la magnitud de lo que podemos alcanzar, pero Dios se adelanta, Él, al depositar metas para nuestras vidas y nuestros negocios, nos impulsa para potenciar todos los talentos que poseemos.

Nosotros descubrimos el verdadero potencial cuando nos atrevemos a salir de la zona de confort, de comodidad, así nos desafiamos a correr los riesgos para alcanzar los sueños.

En definitiva, Dios nos "desacomoda", haciendo "temblar" el piso para que dejemos la quietud y nos aventuremos a realizar la empresa que primero tenía el formato de un sueño, pero va camino a la plena y completa realización.

Yo te invito a que vuelvas a retomar tu sueño, que dejes definitivamente atrás lo que te frustró. Los contratiempos forman parte de las experiencias necesarias para crecer.

Es hora de que ese sueño se pegue a un calendario, a una agenda definida y que comience a tener forma, para abandonar la quietud frustrante de lo que no se realiza ni se lleva adelante.

## Prepara tus objetivos, a corto y a largo plazo._

Los de corto plazo, si no se dieron, vuelve a intentarlo, y ve por ese camino para alcanzar la meta, que nada ni nadie te desvíe, te separe de tu sueño o de tus logros.

Al final del día tu gozarás de la victoria de haber alcanzado tu sueño.

Cuando veas tu negocio abierto o la empresa lista, el primer cliente que atraviese la puerta o el primer pedido despachado, te darás cuenta de que perseguir y comprometerte a hacer realidad una idea puede transformar tu vida de manera sorprendente.

Repito mi invitación: **sigue soñando.**

> Aplica fe, fuerzas y ganas, a aquello que apenas te atreves a imaginar._

CAPÍTULO 10

# Hablemos de FINANZAS

*M*uchas de las personas que se acercan me comentan que nunca han podido levantar su empresa, debido a que no tienen capital para comenzar.

Hay que tomar en cuenta que nos puede proveer la banca o entidades financieras privadas, las que ayudan a establecer cierto capital, para comenzar tu negocio.

Es verdad, que estas entidades te van a pedir algún tipo de participación en tu emprendimiento, de las ganancias de tu empresa o cobrarte intereses sobre el crédito que te van a otorgar.

Por eso es importante mantener siempre tu empírica alta o tu récord crediticio en orden. Esto es fundamental, porque al principio no lo entendía, lo que motivó muchos atrasos en los desafíos que tenía e hizo muy trabajoso levantar las primeras empresas.

Utilicé, lo que comúnmente se llama un inversionista.

Le pedí dinero a unos amigos para comenzar un negocio y luego se los devolví con intereses. Otros inversionistas siempre se van a quedar con una parte de mis ganancias. Eso dentro de un trato lógico, sin abuso en los intereses o en los tiempos de devolución de los fondos.

Como podemos observar son diferentes maneras de incrementar o dar comienzo a tu empresa.

La misma no la manejan los inversionistas, sino que tú serás el referente, el responsable de la marcha del negocio, haciéndote cargo de los compromisos y responsabilidades que vas tomando, como así también el tener sabiduría cuando se generen ganancias.

En las grandes empresas sucede algo similar: ya que hay una junta que puede tomar decisiones por encima del presidente, pero ya eso es otro tipo, tamaño y organización de empresa.

Este libro está dirigido a empresarios que están comenzado o personas que sueñan con ser empresarios.

La idea que tengo es ayudar para formarte y que puedas entender, al final de cada uno de los capítulos, que tienes el potencial, que junto al poder alojado en tu mente y en tu corazón, te pueden llevar a ser un gran y próspero empresario.

Cuando tu levantas un negocio es importante tener una buena relación con el banco.

¿Por qué? Porque ellos pueden abrir otras líneas de crédito que te permitan girar cheques en contra de esa cuenta, de esta forma tu evolución puede ser mucho más rápida.

Para mí fue muy difícil, al principio, porque no conocía estos instrumentos y no había nadie que me pudiera explicar cómo hacerlo.

Así que un día, me senté con el gerente del banco, le expliqué mi situación y él comenzó a enseñarme los instrumentos que tenían para un empresario que tenía condiciones similares a las mías.

Cuando comienzas un negocio es inevitable que utilices tu propio dinero para dar marcha a tus sueños, pero con el paso del tiempo deberás comenzar a utilizar el dinero de líneas de crédito o de inversionistas para que no tengas un problema ni que sea un peligro para el capital de tu familia. Todo lo contrario, sino que se genera un fondo que puede servir como capital para nuevas y mejores oportunidades de negocio.

No te olvides que siempre hay riesgos a la hora de pensar en términos económicos o finanzas.

Sin embargo, si optas por conseguir un inversionista que te preste el dinero no importa si te va bien o te va mal, siempre cúmplele al inversionista, no sabes cuando vas a necesitar más fondos para seguir avanzando.

Esta acción de cumplir con los compromisos asumidos siempre hablará bien de tu carácter.

Lo peor que puede suceder es que alguien comience contigo como inversionista, pero como el negocio no va como esperabas, decidas no pagar como corresponde.

Recuerda:

> *"Los perversos piden prestado y
> nunca pagan,..."*
> Salmos 37:21 (a) NTV

De igual forma con la banca.

Una línea de crédito no es una licencia para girar un cheque para cuando tú quieras, tienes que tener la conciencia de que si libraste cheques comiences a pagar ese crédito lo antes posible, para que el banco vea que tú eres una persona confiable y te pueda prestar más u otras líneas de financiación que te ayuden a crecer, así mejorar en tus finanzas y tu empresa.

Por último, te dejo un sabio consejo:

> *"Coloca tus inversiones en varios lugares
> porque no sabes qué riesgos
> podría haber más adelante."*
> Eclesiastés 11:2 (NTV)

*CAPÍTULO 11*

# Empresarios del Reino

D esde niño asistí regularmente a los cultos, junto a mis padres, porque ellos eran líderes de la iglesia, así que conozco muy bien la teología de los años 80 y 90.

Por lo menos en mi isla, de Puerto Rico, era un auténtico tabú hablar de finanzas desde el altar y muchos menos ser empresario o hablar de empresarismo. Era un tema resistido y complicado para el evangelio que se predicaba en aquellos tiempos.

Los sinónimos de un buen cristiano eran la escasez y la pobreza, nadie parecía tener metas empresariales o de superación porque todo se lo debíamos al Espíritu Santo y Dios era el que iba a proveer. Ese era lo más parecido a estar alineado con las cosas espirituales y la verdad para mostrarse estar llenos de humildad.

Sin embargo, cuando vamos a la Biblia, ese tipo de vivencias no era ni es el mensaje ni lo que la Escritura dice.

Verdaderamente hemos evolucionado en este tema, desarrollando madurez respecto a cómo fueron los resultados económicos de grandes hombres de la Escritura.

Permítame entrar a este tema con mucho cuidado y respeto, porque no tengo el ánimo de criticar lo que se predicaba señalando cosas que debemos mejorar y tener en perspectiva para entender el concepto de empresarismo a través de la mente de Cristo.

Anteriormente escribí, en el capítulo 9, "La Mente de Cristo". Quiero abundar sobre este tema, porque me parece muy importante que la Iglesia pueda entender que tenemos una mente diseñada para emprender, para crear, para establecer, para hacer o alcanzar cosas que muchas personas no lo han hecho.

Si entendemos estos principios como Iglesia y como hijos de Dios habría muchas más empresas cristianas o mayores desarrollos empresarios dirigidos por hijos de Dios.

En la Biblia, Jesucristo habló muchísimo sobre el tema de finanzas.

Una de las parábolas, en Mateo capítulo 25, es la de los talentos y esto se ha predicado dándole connotaciones sobre ser fiel y tener fidelidad sobre aquello que se te otorga.

Sin embargo, cuando vas al contexto correcto, está hablando de un empresario que les dio un dinero a unos empleados y muchos de ellos hicieron lo correcto pero el último no hizo lo que debía hacer, sino que enterró el dinero confiado para luego devolver lo mismo que le habían entregado.

Si bien el texto es amplio, quiero resaltar dos contrastes muy definidos entre quienes eligieron desarrollar y potenciar lo recibido y quien solo se refugió en la temerosa inoperancia de su accionar.

1) *"Y su señor le dijo: Bien, buen siervo y fiel; <u>sobre poco has sido fiel, sobre mucho te pondré;</u> entra en el gozo de tu señor". Mt 25:21 y Mt 25:23* (en ambas citas bíblicas se repite el texto)

2) *"Pero llegando también el que había recibido un talento, dijo: Señor, te conocía que eres hombre duro, que siegas donde no sembraste y recoges donde no esparciste; por lo cual tuve miedo, <u>y fui y escondí tu talento en la tierra; aquí tienes lo que es tuyo.</u> Respondiendo su señor, le dijo: Siervo malo y negligente, sabías que siego donde no sembré, y que recojo donde no esparcí. Por tanto, <u>debías haber dado mi dinero a los banqueros, y al venir yo, hubiera recibido lo que es mío con los intereses.</u> Quitadle, pues, el talento, y dadlo al que tiene diez talentos. Porque al que tiene, le será dado, y tendrá más; y al que no tiene, aun lo que tiene le será quitado". Mateo 25:24-29* (Subrayados del autor)

Para entender correctamente estos textos, que tienen que ver con la mente de Jesús y lo que estaba enseñando, es preciso recordar que Dios ha dado talentos, habilidades especiales, los ha entregado en tu mente, en tu cuerpo y en tu espíritu; nada es para que quede ahí, nada puede ser o quedar escondido, todo tiene que ser promovido para dar fruto, y así ser multiplicado.

Nosotros somos gente para multiplicarnos en gente y así ser empresarios que se multipliquen, ya sea a través de lo que venden, de lo que comercializan o en sus empleados o entre sus negocios y los clientes.

Creo que es una de las mejores maneras de ver y entender que Dios está interesado en que tú seas un empresario del Reino, que alcanza la realización y el propósito al cual has sido llamado.

Israel salió de un hombre llamado Abraham y este era un empresario exitoso de Ur de los caldeos, un lugar pagano, pero Dios había sembrado, en la mente de un hombre exitoso, una visión y solo bastó que escuchara la voz de Dios para salir caminando:

> *"Pero Jehová había dicho a Abram: Vete de tu tierra y de tu parentela, y de la casa de tu padre, a la tierra que te mostraré. Y haré de ti una nación grande, y te bendeciré, y engrandeceré tu nombre, y serás bendición. Bendeciré a los que te bendijeren, y a los que te maldijeren maldeciré; y serán benditas en ti todas las familias de la tierra. Y se fue Abram, como Jehová le dijo; y Lot fue con él. Y era*

*Abram de edad de setenta y cinco años cuando salió de Harán. Tomó, pues, Abram a Sarai su mujer, y a Lot hijo de su hermano, <u>y todos sus bienes que habían ganado y las personas que habían adquirido en Harán,</u> y salieron para ir a tierra de Canaán; y a tierra de Canaán llegaron.*
**Génesis 12:1-5** *(subrayados del autor)*

Había una orden precisa de Dios, había que dejar la parentela, tomar la esposa, y los bienes ganados... había un lugar nuevo para desarrollarse.

Todos nosotros venimos de allí, cargamos un ADN empresarial porque Dios creó a su pueblo, el pueblo que Dios escogió para Él lo creó desde la simiente de un empresario.

No lo creó desde un apóstol, ni un pastor, un evangelista o un maestro, escogió un empresario.

¿Por qué?

Porque el empresario tiene la capacidad de ver cosas, eso es Fe, en estado puro, porque es ver lo que otros ni siquiera imaginan.

La base, el verdadero cimiento del evangelio es amor y la fe.

Un empresario del Reino va a tener amor por lo que hace y fe suficiente para hacer cosas que nadie ha hecho pero que él las ve como posibles, como metas a alcanzar.

*"Si realmente escuchas al SEÑOR tu Dios y cumples fielmente todos estos mandamientos que hoy te ordeno, el SEÑOR tu Dios te pondrá por encima de todas las naciones de la tierra. Si obedeces al SEÑOR tu Dios, todas estas bendiciones vendrán sobre ti y te acompañarán siempre".*
*Deuteronomio 28:1-2 (NVI)*

Usted no tiene que estar detrás de algo que ya es suyo.

Simplemente tienes que organizarte, abrir los ojos espirituales para detectar que cosas están faltando para poder lograr lo que falta en el mundo, en tu vida o en tus desafíos.

Créeme, hay muchas más cosas que todavía no se han descubierto ni se han hecho y que un empresario cristiano y del Reino, puede hacer.

Hay un mensaje, que he predicado en varias oportunidades. Y es sobre Alejandro Magno, el famoso conquistador.

Cuenta la historia que mientras iba conquistando Europa, la avanzada se detuvo en un punto. Rápidamente Alejandro montó su caballo y fue al frente a preguntarle a los atalayas las razones del porqué habían frenado el avance.

"Nos detuvimos porque hasta aquí llega el mapa"

"Después de ese río, nadie lo ha cruzado, no sabemos que hay después".

Estamos deliberando, no sabemos que hacer, si ir

a otro lugar, si regresamos, o buscamos otros mapas que nos guíen.

Alejandro bajó de su caballo, tomó las bridas (Riendas) de su cabalgadura y comenzó a cruzar el río.

Todos atónitos, expectantes, para ver por qué Alejandro había hecho eso.

Cuando el conquistador cruzó, cruzaron otros generales, y el emperador les dijo:

"Avisen al ejército que marchen por donde yo voy"

"Si nadie ha escrito este mapa, lo vamos a escribir nosotros".

Este tremendo relato nos enseña que hay muchas cosas, que posiblemente todavía faltan descubrir.

No significan que las actuales estén mal pero la gente está esperando, de alguna manera, el mapa que todavía no está escrito, aguardan lo que todavía no sucedió o que necesitan para resolver situaciones de su vida.

Nosotros tenemos la mente de Cristo, y es una mente creativa, que posibilita el ver, organizar, trabajar con y en nuevos desarrollos.

Al leer el primer capítulo de la Biblia (Génesis 1:1-31), podemos asegurar que Dios es organizado.

Él, con un chasquido de dedos podía haber creado todo, sin embargo, empleó seis días en crear y en un séptimo día descansó. No porque estaba cansado sino para enseñarnos a nosotros, sus hijos, que todo nos va a tomar tiempo para ser creado.

Jehová, que pudo crearlo con el pensamiento, tardó seis días en hacer el planeta tierra o hacer la creación a partir de su Palabra.

Esta impresionante sucesión de acciones nos enseña que lo que vas a crear lleva su tiempo, su esfuerzo, pero también habrá tiempo para tu familia y para descansar.

Es muy importante este punto para que no te "drenes" en el proceso, porque un empresario debe tener la Mente de Cristo y ser guiado por el Espíritu en todos los aspectos de sus acciones.

Uno de los empresarios del Reino más importante de la Biblia se llamó José de Arimatea, no fue predicador, ni evangelista, tal vez no sanó a nadie, pero Dios escogió, desde antes de los tiempos, a un empresario para que cubriera el cuerpo del "estuche" que fue Cristo.

> **"José de Arimatea, miembro distinguido del Consejo, que también esperaba el reino de Dios, se atrevió a presentarse ante Pilato para pedirle el cuerpo de Jesús. Pilato, sorprendido de que ya hubiera muerto, llamó al centurión y le preguntó si hacía mucho que[a] había muerto. Una vez informado por el centurión, entregó el cuerpo a José. <u>Entonces José bajó el cuerpo, lo envolvió en una sábana de tela de lino que había comprado y lo puso en un sepulcro</u> cavado en la roca. Luego hizo rodar una piedra a la entrada del sepulcro".**
> *Marcos 15:43-46 (subrayados del autor)*

## Empresarios del Reino

Es muy significativo este evento, porque el debate era dónde estaba el cuerpo de Jesús y José de Arimatea entra a la historia bíblica por ser un empresario prominente de Jerusalén, que se encargó de llevar el cuerpo a su tumba.

En esos tiempos los que tenían tumbas, como las de José de Arimatea, eran gente rica, adinerada.

Así que este empresario habrá creado uno o varios negocios, pero lo importante es que levantó finanzas para que, en el tiempo correcto, sea encargado de algo tan sublime como cubrir el cuerpo de Cristo.

Esta acción es ejemplo y demuestra que los empresarios cristianos, los verdaderos empresarios del Reino, están capacitados, preparados, diseñados para cubrir la Iglesia, el Cuerpo de Cristo, en el tiempo y momento adecuado.

Dios va a enseñar y te va a dar la capacidad de emprender, de crear, de ser exitoso, no para tener demasiadas propiedades en el mundo, sino para que cubras oportunamente el Cuerpo de Cristo, la Iglesia.

Una de las razones principales de este libro es para enseñar que nosotros tenemos lo mejor del mundo, que es la Mente de Cristo, lo cual nos da una encomienda, una tarea más que excelsa, y es la de cubrir al Cuerpo de Cristo, cuando este necesite ser cubierto por una mano de amor y misericordia que oportuna y decididamente es dada por Empresarios del Reino.

*CAPÍTULO 12*

# Conclusión

 **1. Establece metas claras y realistas: Define tus objetivos a corto, mediano y largo plazo para guiar el crecimiento de tu empresa de manera efectiva.**

Gran parte de la vida se va o se gastan esfuerzos porque no hay objetivos claros. Si bien el empresario siempre dice o se desvela haciendo cosas, muchas veces las metas no están definidas, lo que dan como resultado un agotamiento de fuerzas.

Todo empresario que emprenda, aunque no sepa todo el camino o lo que acontecerá durante el viaje, tiene que tener claridad de adonde quiere arribar.

Define tu/s meta/s
_____
_____
_____

¿Cuáles son tus mejores virtudes para alcanzarla?
_____
_____
_____

¿Cuáles son tus mayores defectos para no llegar?
_____
_____
_____

¿Qué pasos firmes necesitas tomar para alcanzar esta meta?
_____
_____
_____

¿Cómo mantendrás la motivación?
_____
_____
_____

¿Obstáculos? ¿Cómo planeas superarlos?
_____
_____
_____

## Conclusión

 **2. Invierte en ti mismo: Continúa aprendiendo y mejorando tus habilidades empresariales mediante cursos, seminarios y networking con otros emprendedores.**

¿Crees haber llegado?

¿Piensas que ya el éxito está asegurado, porque hay buenos resultados?

El negocio que gestionas tiene ventas, la gente acompaña, los proveedores te respetan, los bancos te quieren mejorar sus líneas de crédito, todo indica que has tomado buenas decisiones, las aguas del comienzo se han aquietado, pero estos son los momentos de mayores riesgos, porque te relajas, entras a tu zona de confort, y parece que todo está bajo control.

Hasta puedes creer innecesario un nuevo curso, inútil hacer networking con otros empresarios, pero es exactamente lo contrario. Cuando crees haber alcanzado las metas es donde más se necesitan mejorar los conocimientos, asistir a los seminarios, aprender las singularidades que harán blindaje de tu empresa en caso de sobresaltos o de situaciones inesperadas. Además, esa especialización te ayudará a favorecer otros emprendimientos o darle mayores oportunidades a lo que estás haciendo. Convertirte en un especialista, puede marcar diferencias extraordinarias a la hora de la ejecución de nuevos negocios.

Describe los peligros que provienen de las zonas de confort.

_____

_____

_____

¿Cómo crees que es o son las formas de contrarrestar los estancamientos en una empresa?
_____
_____
_____

¿Pueden ser necesarios nuevos cursos?

SI _____ NO _____

¿Estás tomando o haciendo alguna especialidad?

SI _____ NO _____

Inscribirte en un curso o un seminario brinda sentido de compromiso y responsabilidad, porque motiva a mejorar tu aprendizaje y desarrollo personal.

La mayoría de los cursos proveen de materiales didácticos, herramientas valiosas que te ayudarán a no quedar estancado ni mirando el progreso de tus competidores.

 **3. Gestiona eficientemente tus finanzas: Lleva un control detallado de los ingresos y gastos de tu negocio, establece presupuestos y busca formas de optimizar la rentabilidad.**

Es posible que estés muy atento a tus ventas, a lo que esperas que suceda con tu empresa, revisas la cantidad de negocios, los stocks almacenados. Todo es correcto, pero hay momentos de la gestión que necesitarás detenerte, revisar, corregir, observar ingresos, egresos, donde está la debilidad del entrante

## Conclusión

del flujo de capital y a que se debe las filtraciones que quitan rentabilidad a tu empresa.

Establece un Presupuesto. Planifica las Finanzas.

Monitorea tus gastos y, si puedes, invierte con sabiduría.

Habla con tus acreedores para controlar, reducir o consolidar tus deudas.

Infórmate, en forma constante, sobre las tendencias financieras, cambios en las leyes fiscales y nuevas oportunidades de inversión

Mejora tus habilidades en análisis financiero para tomar decisiones informadas.

Planifica: Aprende a elaborar planes financieros sólidos y adaptables a tus objetivos.

Haz contactos, Networking y/u Oportunidades:

Conecta con profesionales o estudiantes interesados en finanzas, lo cual puede llevar a oportunidades de colaboración o empleo.

Describe tu nivel de deudas, tu relación con acreedores, tus gastos.

_____
_____
_____

¿Hay espacios en tu vida para *Networking*? ¿Te involucras en los procesos de hacer y desarrollar relaciones con otros empresarios? Donde ambos, en el proceso de crear y mantener relaciones profesionales y personales, se nutren mutuamente. ¿Intercambias ideas o compartes conocimientos con otros emprendedores?

Describe tus vivencias

_____
_____
_____

**4. Construye relaciones sólidas:** **Cultiva vínculos tanto con clientes como con colaboradores, esta debe ser una de las claves para crear una red fuerte que te ayude a impulsar tu negocio.**

Es de resaltar al empresario que gestiona correctamente los contactos con otros, que no pasa desapercibido el relacionarse con otros, sean estos de empresas similares o de desarrollos comerciales muy distintos.

Una empresa no puede circunscribir sus funcionamientos solo a proveedores y clientes, sino que debe generar, en forma permanente, las relaciones que potencian y conectan los nuevos negocios. Este tipo de gestión siempre se basa en la propia confianza del empresario, donde no teme el relacionarse con otros, porque está seguro de sus propios desafíos.

Nombra a tres empresas o empresarios que quisieras estar conectado

_____
_____
_____

¿Cuáles pueden ser tus estrategias para acercarse a esas empresas/ empresarios?

_____
_____
_____

## Conclusión

Nombra tres de tus mejores clientes
------------------------------------------------
------------------------------------------------
------------------------------------------------

¿Qué estrategia tienes para mantener su fidelidad para con tu empresa?
------------------------------------------------
------------------------------------------------
------------------------------------------------

Nombra tres de tus peores clientes
------------------------------------------------
------------------------------------------------
------------------------------------------------

¿Qué estrategia tienes para revertir la relación?
------------------------------------------------
------------------------------------------------
------------------------------------------------

Nombra tus mejores colaboradores
------------------------------------------------
------------------------------------------------
------------------------------------------------

¿Qué reconocimiento le brindas?
------------------------------------------------
------------------------------------------------
------------------------------------------------

Nombra tus peores colaboradores

_____
_____

¿Qué harás para mejorar esa relación?

_____
_____
_____

**5. Adapta tu estrategia según el mercado:** **Mantente actualizado sobre las tendencias del sector en el que operas y sé flexible para ajustar tu estrategia según sea necesario para mantener la competitividad en un entorno cambiante.**

Posiblemente estas acciones son las de mayor dificultad a alcanzar en empresas que prosperan, que alcanzaron las metas propuestas, porque desafiarte a actualizar, a flexibilizar lo que venías haciendo te pone en zona de riesgo, pero justamente ese es el gran punto para avanzar, para darle legitimidad a los nuevos proyectos y desafíos que tu empresa ya necesita.

Resume tus estrategias

_____
_____
_____

Describe tus próximos desafíos

_____
_____

## Conclusión

¿Cómo piensas alcanzarlos?
_____
_____
_____

**6. Cómo empresario, con la mente de Cristo, describe la misión asignada.**

_____
_____
_____

Describe con tus palabras porqué la crees necesaria en los tiempos y el lugar que estás viviendo.
_____
_____
_____

Repasamos la gran pregunta de Mardoqueo a Ester: Ester 4:14 (b)
_____
_____
_____

www.ingramcontent.com/pod-product-compliance
Lightning Source LLC
Chambersburg PA
CBHW050305230526
45471CB00005B/2025